Gedanken zu denken ist leicht.
Gedanken zu verstehen, schwer.
Mit Gedanken umzugehen,
kann manchmal ein ganzes Leben kosten.

Sarah Riedeberger wurde 1990 in einem kleinen Dorf geboren und wuchs in einem noch viel kleineren Örtchen auf. Sie hat fünf Geschwister und darf sich das Nesthäkchen nennen. Wenn man ihre Bücher liest, beginnt man nachzudenken. Ihr erstes Buch ‚Zum Fenster raus' ist nichts für weiche Gemüter. Im Sommer 2010 folgt ihr nächster Roman, von dem sie sagt, er sei anders als ihr erstes Buch, dennoch wäre alles spezifisch und genau durchdacht. Liebe meets exzessiven Eklat. Sie fischt in der Welt das Bedeutende heraus und wirft es in ein paar Buchseiten. Somit versucht sie, allerdings nicht zwingend, die Welt zu verändern und vielleicht auch ein kleines bisschen für sich zu gewinnen.

Auflage 1 - erschienen 04/2010
Satz & Layout: Sascha Riedeberger, www.riedeberger.cc
Herstellung und Verlag: epubli GmbH, Berlin, www.epubli.de
Titelfoto: © Alexander-Axmann / pixelio.de
ISBN 978 3 86931 452 5

Sarah Riedeberger

ZUM FENSTER RAUS

Roman

»Ja so ist das alles. Und wenn wir nichts ändern, dann bleibt es so.« Karl Steiner.

Trümmer, Chaos. Häufchen von Elend, Angst, Flucht. Hoffnung. Und schlussendlich der Blick in die Realität. Das Ende.

Ich bin bereit. So bereit wie nie zuvor in meinem Leben. Meine Beine bewegen sich federleicht über den Asphalt und ich glaube Erleichterung in meiner Brust zu spüren. Wenn ich das alles erst einmal hinter mich gebracht habe, dann wird mir nichts mehr passieren. Nie wieder wird mich jemand verletzen und ich selbst werde mir auch kein einziges mal mehr weh tun können. Es ist das Glück, es liegt vor mir. Ein paar Schritte noch, einen kleinen Augenblick Geduld noch. Dann ist es soweit. Dann passiert das, wonach ich mich sehne, schon seit langer Zeit.

Wütend bin ich zwar noch immer. In mir brodelt es. Doch diese Wut wird gleich von mir ablassen. Sie wird fortfliegen. In die Hölle. Im Himmel gibt es für Wut und Ärger keinen Platz. Dort herrscht Frieden, Liebe und vor allem Zufriedenheit. Das hoffe ich jedenfalls. Und genau deswegen soll mein Weg nun dorthin führen. Ganz alleine werde ich da sein und keiner aus meinem Leben wird mir dort begegnen und mir das Glück, welches ich dort erleben werde, zerstören.

Ich habe sie erreicht und ich sehe sie an.
Sie ist wunderschön und irgendwie hat sie für mich eine Anziehungskraft, so dass ich mich sofort auf sie setze und meine Beine herunter baumeln lasse. Mein Herz verengt sich. Ich spüre ein Gefühl, das ich nur zu gut kenne. Angst. Diese doofe Angst. Aus welchem Grund hat sie soviel Macht, dass sie mich jetzt einholt. Mir selbst mein trautes Ende zerstören will. Das werde ich nicht zulassen. Nein. Auf keinen Fall. Die Angst kann unmöglich so stark sein um mich vom Springen abzuhalten. Es ist das Letzte was ich will.

Das Letzte wonach ich seit Wochen strebe und vor allem ist es das Letzte, was ich für den heutigen Tag möchte. Der Tag, der unmöglich war. Der Tag, der von hoher Grausamkeit bereichert wurde.

Isabelle, meine beste Freundin, sie sagte, ich solle mein Leben in den Griff bekommen. Sie sagte, ich wäre ein Asi, weil ich nicht arbeite und sonst auch nichts tue, was normale Menschen machen. Sie raunte mich an, als wäre es selbstverständlich mir so etwas zu sagen. Sie sagt es, als würde sie mich damit glücklich machen. So ehrlich und so brutal, dass sie mir damit ein Stück meines Herzens rausriss. Ich versuche doch seit Ewigkeiten das Beste aus mir und meinem Leben zu machen und ich weiß selbst, dass es mir nicht gelingt. Ich weiß, dass ich es nicht schaffe und dass ich ein verdammter Verlierer bin. Aber, mein Gott, ich kann es einfach nicht ändern. Ich schaffe es doch nicht. Ich schaffe es nicht.

Meine Familie sieht alles genauso wie Isi. Sie lassen es mich durchweg spüren. Auch wenn mir jeden Tag, jede Minute und jede Sekunde die gleichen Gedanken im Kopf rumschwirren, sie müssen es mir immerzu zeigen.

Ich gehöre hier nicht her, das weiß ich. Auf dieser Welt habe ich rein gar nichts verloren. Ich weiß. Dennoch lebe ich nun schon achtzehn Jahre hier und versuche einfach nur zu leben. Ich versuche es, mit der Einsicht, es nicht zu schaffen. Es niemals zu schaffen. Ich werde als Idiot sterben. Als Looser. Danke. Das habe ich mir wirklich immer erhofft. Dabei will ich der Welt doch nur irgendwas mitgeben. Einen Weg ebnen, von dem ich glaube, er wäre besser. Doch wer interessiert sich für so ein dummes Mädchen wie mich?

Niemand. Ich selbst interessiere mich ja nicht mal mehr für mich. Meine Beine baumeln weiter. Ich krame meinen Tabak aus meiner Tasche und fange an, mir eine Zigarette zu drehen. Es gelingt mir nicht sonderlich gut, denn meine Hände zittern so stark wie nie zuvor. Ich bin ja ohnehin schon kein Meister im Drehen, doch so eine krüppelige Zigarette habe ich lange nicht gesehen.

Ich bin alleine. Ganz alleine sitze ich hier. Durch meine Zigarette wird die Dunkelheit gebrochen und ich frage mich, ob das irgendeinen Menschen interessiert. Mich ärgert es irgendwie, denn ich finde, die Dunkelheit hat zu meinem innerlichen Zustand gepasst.

Schwarz wie die Nacht.

Mitten in der Nacht auf einer Brücke zu sitzen und auf den Tod zu warten, das habe ich mir als Kind sicherlich nicht so gedacht, doch jetzt, wo ich einigermaßen erwachsen bin, finde ich, es ist sehr passend. Der Abschluss meines Lebens soll womöglich so sein, wie auch sonst?
Meine Zigarette landet unten im Wasser, gleich werde ich ihr folgen. Ich muss da runter, dann ist alles vorbei. Doch zur Angst gesellt sich nun auch die Furcht und irgendwie spüre ich wieder das Gefühl in mir, ich möchte mein Leben festhalten. Kann denn wirklich alles schlecht sein? War in meinem Leben bisher alles schlecht? Habe ich nicht liebe Freunde und eine wunderbare Familie? Einerseits ja, doch andererseits passe ich dort nicht hin. Ich bin nicht wie sie. So normal, so perfekt. Ich bin vollkommen anders. Viel zu anders, um bei ihnen bleiben zu können.
Ich stelle mich hin und blicke nach vorne in die Ferne, nach unten

in die Tiefe und nach oben, dorthin, wo ich gerne sein möchte. Im Himmel.
Ich beginne zu balancieren, vor und zurück. Immer wieder vor und zurück. Doch inzwischen werde ich wütend. Wieso springe ich nicht einfach? Tausend vorwurfsvolle Gedanken spielen Pingpong in meinem Kopf. Warum denn bloß nicht? Wieso schaffe ich es nicht? Verdammt Lola, bist du selbst zu blöd um dir das Leben zu nehmen? Um zu sterben?
Nichts kannst du, du dummes Huhn. Nicht mal für Selbstmord hast du genug Mut.

Stille umhüllt mich. Schmerzen zerfressen mich.
Ich fühle nichts, denn Hass ist kein sehr gutes Gefühl.

Vom Mut verlassen. Ich liege in meinem Bett und ich könnte schreien, so wütend bin ich. Ich könnte mich schlagen, kratzen, treten. Doch nichts von dem mache ich, denn ich bin viel zu kraftlos, ich bin zu unbeweglich. Zu steif.
Tränen schießen über meine Wangen. Meine Augen tun nun schon weh, vom vielen Weinen. Doch ich kann nichts machen, ich kann es nicht anhalten. Ich bin machtlos. Mein Körper macht mal wieder, was er will. So starr liege ich im Bett und verdurste fast, aber ich schaffe es nicht, mich aufzuraffen um mir etwas zum Trinken zu holen. Das Einzige an mir, das läuft, sind meine Tränen.
Eigentlich wollte ich dem ein Ende setzen, indem ich von dieser blöden Brücke springe. Ich wollte versuchen, nie wieder nachts im Bett weinen zu müssen, doch ich habe es nicht geschafft. Wie immer. Wie immer.
Wie immer, habe ich es nicht geschafft. Das tut weh. Noch mehr, als alles andere. Es schmerzt so sehr. Ich habe mich selbst verraten. Ich habe es eigentlich nicht mal verdient noch zu atmen, noch zu leben und dennoch liege ich wieder in meinem alten Bett, in meinem kleinen Zimmer. Meine Gedankenfabrik.

Ich sehe auf die Uhr und erkenne gerade noch so die Zahlen. 04.33 Uhr. Toll, gleich steht Lisa auf. Lisa ist meine Schwester und nur zwei Jahre älter. Wir teilen uns eine Wohnung, die allerdings unsere Mama finanziert. Wir haben beide kaum Geld um irgendwas zu bezahlen. Lisa ist die Perfektion. Sie steht immer pünktlich auf, schläft niemals zu lange. Sie ist immer perfekt geschminkt und hat

wunderschöne große Augen. Sie setzt sich durch und lebt. Nicht so wie ich. Doch es war mal anders.
Damals war Lisa ein kleines armes Mädchen, denn ich habe sie stets und ständig so verprügelt, dass sie immer wieder in die Obhut unserer Mama kam. Sie war die Liebe und ich immer die Böse, schließlich habe ich ihr weh getan. Niemand anderes.

Heute würde ich das niemals mehr tun. Denn das alles von damals, als wir beide noch Kinder waren, tut mir bis heute so unendlich leid, dass ich niemals über so etwas sprechen möchte. Ich will nicht hören, dass ich ein schlimmes Kind war, es reicht, wenn ich es weiß. Genauso, wie ich damals immer meine Mama verletzt habe. Mit Worten. Und indem ich Gegenstände durch die ganze Wohnung schmiss. Wenn ich sie beleidigt habe, oder aus Wut, wenn sie wollte, dass ich aufstehe, getreten habe. Es tut mir so furchtbar leid, doch ich war ein grausames Kind. Viel zu schlimm um heute sagen zu können, dass die Welt gefährlich wäre. Dennoch tu ich das. Ich sage, diese Welt ist mir unheimlich. Die Menschen sind alles Verbrecher. Ja, so etwas denke ich, dauernd. Während ich über mich nachdenke, über die Vergangenheit, über Alles, weine ich noch viel stärker, sehr viel stärker als je zuvor. Ich schluchze wie ein Mensch dem alles genommen wurde, aber mir wurde auch einiges genommen. Mein Selbstvertrauen, eines der wichtigsten Dinge, die ein Mensch braucht, um zu leben. Ich habe nichts mehr davon. Mein Kopf dröhnt als würde jemand mit dem Hammer darauf klopfen. Duff, Duff, Duff. Autsch. Aber habe ich es etwa anders verdient?

Ich bewege mich ganz langsam und vorsichtig über den Teppich im Flur. Man kann es nicht Schweben nennen, man kann sagen, dass ich nicht anders kann. Dieses irre Schwindelgefühl in mir ist so kacke, dass ich einfach nicht richtig nach vorne komme. Eigentlich möchte ich doch nur in die Küche und einen Kaffee trinken. Ich möchte dasitzen und mir anhören, was Lisa zu erzählen hat, doch irgendwie schafft mein komischer Körper das nicht. Nein, er schafft es im Augenblick nicht. Ich bin zu schwach, glaube ich. Dennoch weiß ich es nicht. Langsam aber sicher bugsiere ich meinen lästigen Körper weiter.

Im Flur höre ich schon das laute Brummen des Kaffeevollautomaten und ein Schauer rinnt vom Nacken an über meinen Rücken, weit herunter. Hilfe. Das ist zu laut, dass ist mir zu viel. Ich möchte zurück in mein Bett, mich hinlegen, meine Augen schließen und nur schlafen. Das alles hier, das alles möchte ich nicht sehen. Ich habe keine Lust mit Lisa zu sprechen. Ich habe keine Lust dazusitzen und so zu tun, als wäre alles schön, als ginge es mir gut. Doch das muss ich wohl tun. Lisa hat mich längst bemerkt.

»Lola, kommst du auch in die Küche?«, höre ich sie rufen. Ich nicke, ohne daran zu denken, dass sie mich nicht sehen kann. Sie ruft noch mal, wartend auf eine Antwort. Ich höre meine Stimme krächzen. »Ja«.

Es ist unvorstellbar, wenn man nicht weiß wie es sich anfühlt, wenn sich der Raum, in dem du dich bewegst, plötzlich vollkommen verändert. Wenn die Bilder so aussehen, als lägen sie auf der Erde, wenn die Schuhe sich bewegen. Ich bin so verrückt, wie ich es nie sein wollte. Das ist nicht normal, nein. Ich reibe mir die Augen, versuche zu sehen, dass alles normal ist, doch alles schwebt und fliegt weiter durch die Gegend. Es ist irre, wie sich deine Gedanken plötzlich auf dein ganzes Leben auswirken. Vermutlich hätte ich es bis vor kurzem nicht mal geglaubt, doch jetzt weiß ich es. Wenn dein Kopf verrückt spielt, spielt eben auch dein Körper verrückt und ebenso alles andere um dich herum. Aber nein, mein Leben ist von nichts beeinträchtigt, um Gottes Willen, wie könnte ich versuchen eine Ausrede für mein verkorkstes Scheißleben zu finden. Ist doch alles ganz normal, alles ganz cool. Schön. Toll. Und sowieso alles rosarot. Pfui. Alles Heuchler. Alles miese Schweine. Keiner weiß irgendwas über mich. Darüber, wie ich mich fühle und wie ich mich quäle, doch alle glauben, sie wüssten es. Ekelhaft.

Langsam aber sicher schaffe ich es. Ich habe sogar schon die Haustür erreicht und die ist nahe an der Küchentür. Fantastisch. Für meine Verhältnisse bin ich wirklich gut. Die Türklinke bewegt sich. Schneller und normaler als ich es tue. Lisa starrt mich an.
»Warum kommst du denn nicht in die Küche? Ich habe dir auch schon einen Kaffee gemacht«, sagt sie und blickt mich weiterhin fragend an.
Ich weiß nichts. Was soll ich sagen? Das ich gerade wie eine Verrückte versuche in die Küche zu kommen? Oder vielleicht das ich ein Wrack bin. Ein Nichts. Ein Niemand. Das ich die ganze Welt blöde finde, meine Schwetser eingeschlossen. Das ich vor kurzem versucht habe, mich umzubringen? Soll ich ihr sagen, dass ich weder sie noch irgendwen anderes sehen möchte? Will sie vielleicht wissen, dass ich auf der Suche nach Liebe und Zuneigung bin? Aber weder ihre Liebe, noch die Liebe eines anderen Menschen, nein, nein. Ich möchte meine Liebe. Ich möchte mich akzeptieren und endlich lieben. Aber so etwas sage ich ihr nicht. Denn nie im Leben würde Lisa auch nur annähernd so was verstehen. Ich weiß wie ihr Blick wäre, sie würde mich mit ihren hübschen braunen

Augen ansehen, als wäre ich von einem anderen Planeten. Bin ich höchstwahrscheinlich ja auch, wer weiß?

Ich sitze, nehme einen Schluck und versuche weiterhin meine geschwächten Augen aufzuhalten. Ein Blick auf die Uhr verrät mir, dass es schon fast Mittag ist. Sicherlich geht sie zu Lotte zum Essen. Sie werden sich zusammen unterhalten. Sich lieb haben. Vielleicht irgendwelche Kataloge durchstöbern und Kaffee trinken. Sie werden bestimmt auch lachen und stolz Mara ansehen, wie sie irgendwas Kluges sagt. Ich beneide sie alle so sehr. Wieso ich?

Zentimeter vom Glück entfernt. Ich erhasche eine Prise von diesem kostbaren Glücksgefühl! Ich freue mich. Sehe zurück. Verliere mich. Alles ist dunkel.

Ich sitze mit Mara in ihrem Zimmer auf einer kleinen grünen Bank. Natürlich ist sie nicht für Erwachsene ausgerichtet und ich frage mich auch, wie wir überhaupt zusammen hier drauf passen, doch irgendwie geht es.
Mara malt ein Bild, sie kann so schön malen. Ich leider ganz und gar nicht. Mit Talenten wurde ich weniger ausgelegt. Ich habe nur Schwächen und vor Allem habe ich einen schwachen Kreislauf.
Als ich eben von der Küche in das süße, rosafarbene Kinderzimmer gelaufen bin wurde es mir schon wieder ein wenig schwarz vor Augen. Gott sei dank sitze ich nun.
Mara malt ein Pferd und darauf sitzt eine Reiterin. Sie trägt einen Helm und Reiterstiefel. Sie denkt an alles. Mara ist so unglaublich. Eines der tollsten fünfjährigen Mädchen auf der Erde. Für sie ist es wohl eher ein Fluch mich zur Tante zu haben, doch das weiß sie jetzt noch nicht, zum Glück.

Als Mara geboren wurde, damals, ich war noch sehr viel jünger als jetzt. Ich konnte nicht verstehen, dass da plötzlich so ein kleines Wesen geboren wurde, um das sich alle kloppen. Jeder möchte dieses kleine Ding auf dem Arm halten, ihm ein Fläschchen geben. Jeder will, dass es zuerst seinen Namen sagt. Alle wollten nur dieses kleine Herz schlagen hören. Ich fand das komisch, denn ich war doch immer die Kleinste. Die Jüngste. Ich war immer die, auf die alle aufgepasst haben und siehe da, plötzlich ist da jemand anderes, der deinen Platz einnimmt, ohne dass er es weiß, ohne dass

du es bewusst bemerkst. Denn dir wird klar, dass du alle um dich herum verstehst, denn du liebst dieses wundervolle rosahäutige Würmchen ja ebenfalls über alles.
Du wünschtest, du könntest alles tun, damit niemand ihm weh tut. Du versuchst diesem Kind zu zeigen, dass du stolz bist. Du möchtest, dass es groß und stark wird, sich durchsetzen kann. Du hoffst, dass es eine Zukunft hat, eine die so vollkommen anders ist, als deine eigene.

Mara wird womöglich wirklich eine ganz andere Zukunft haben als ich. Sie hat großartige Eltern. Nicht, dass ich die nicht hatte, doch ihre Eltern lieben sich. Sie sind zusammen. Mara bekommt alles, was sie möchte. Sie braucht nur einen Wunsch zu äußern und kurze Zeit später hält sie es in den Händen. Dafür beneide ich sie sehr. Ich bin erwachsen, doch ich kann mir niemals meinen größten Wunsch erfüllen.

Mara wird dagegen ihre Wünsche stets erfüllt bekommen. Sie ist unter anderem auch hochintelligent und dennoch nicht klugscheißerisch. Komisch, was? Vielleicht sage ich das auch nur, weil ich dieses Mädchen liebe. Was weiß ich denn, weiß ich überhaupt irgendwas? Mara weiß wohl weitaus mehr, als meine Wenigkeit. Wie armselig ich doch bin. Wenig Geist, wenig Gefühl. Ja, das ist Lola Steiner. Das bin ich.

Vorhin kam ich hier her, weil Lotte, die älteste von uns Schwestern gefragt hat, ob ich Lust hätte ein Stück Kuchen mitzuessen und eine Tasse Kaffee zu trinken. Ich habe ewig mit mir gerungen, ob ich ja oder nein sage. Letztendlich dachte ich, dass es schon ein

Weilchen her sein muss, als ich das letzte mal meine Schwester besucht habe, dabei wohnt sie doch nur zwei Straßen weiter. Sie ist ja quasi direkt gegenüber. Ich muss nicht weit gehen, nein, nur ein minimales Stück. Ich habe mich aus dem Haus bekommen und bin zu Lotte gegangen. Lisa war auch schon da und komischerweise saß Tom, mein Bruder vor dem ich viel zu viel Respekt habe, auch da. Ich kam sofort ins Schwitzen und hätte am liebsten auf dem Absatz kehrt gemacht, doch was hätten sie denken sollen? Ich kann nicht gehen, wenn ich einmal da bin. Also habe ich all meinen verlorenen Mut zusammen gekratzt, ich habe mich hingesetzt, allen einmal in die Augen gesehen und so getan, als sei ich da. Ich war aber eigentlich mit meinen Gedanken ganz woanders. Ich habe mir zig unbeantwortete Fragen gestellt. Was mache ich hier eigentlich? Kann ich es durchhalten? Ertrage ich Gesellschaft? Und noch viele mehr. In meinem Kopf rannten die Gedanken um die Wette. Einer schneller als der andere. Mal wilder, mal ruhiger. Ich dachte ich muss laut schreien, flennen ohne Ende. Ich dachte ich müsste mich übergeben so schlecht wurde mir, doch ich habe es bis zur letzten Minute durchgehalten.
So lange, bis Mara gefragt hat, ob ich mit ihr malen möchte. Eine blöde Frage, denn jeder weiß, dass ich weder gerne, noch schön male. Aber ich bin trotzdem mitgegangen. Eigentlich nur, um zu atmen. Ich hatte gehofft, dass sich diese enganliegende Seifenblase, die sich ständig um meinen Körper hüllt ausdehnt und aufhört, mich so gnadenlos zu ersticken. Und sie tat es, ich bekam endlich wieder Luft. Die Hitze schwand. Es ging mir besser. Es lag daran, dass in diesem Raum nur Mara und ich waren. Mara, der es scheißegal ist, wer ich bin. Sie liebt mich bedingungslos. Danke Mara, dafür.

Lenk dich ab. Lass die Realität ruhen.
Bring ein bisschen Farbe in das Grau deines Lebens.
Trink ein Bier zu viel, Baby.

Denken sich nicht alle Freitagabends, dass sie raus wollen? Menschen sehen, sich unterhalten und einfach mal alles andere vergessen. Schlicht und einfach glaube ich, dass es die Mehrheit der Bevölkerung fühlt, dieses Gefühl, einmal unabhängig und frei sein.

Selbst mir, einer arbeitslosen Idiotin geht es am Wochenende so. Auch ich möchte raus, mich betrinken und diese verdammte Realität vergessen. Vielleicht ist es auch mehr ein Verdrängen, doch das ist mir in Situationen wie dieser egal. Ich bin ja nicht umsonst dermaßen betrunken und halte schon die nächsten Getränke in der Hand. Ein Bier, pur. Und ein Sekt, leider trocken. Aus diesem Grund werde ich mir diese beiden Drinks eher runter würgen als genießen, aber egal. Ich möchte doch eh nur meinen Pegel behalten und nicht ernüchtern, denn das wäre so traurig und blöd. Das würde mich wirklich zu einem Nervenzusammenbruch bringen. Nüchtern sein und dann noch lachen und zufrieden wirken? Nein. Das geht doch wohl wirklich nicht. Das klappt bei den wenigsten besonders gut und bei mir am allerwenigsten!

Menschen um mich herum, viele Menschen und das soll man aushalten?

Im Allgemeinen mag ich Menschen nicht gut leiden, doch im Besonderen sind hier auf dieser Party sehr wenig Leute, die ich einigermaßen gut finde. Ich sehe Pit und gehe auf ihn zu. Pit ist ein langhaariger Kumpeltyp. Ich mag ihn sehr gerne. Womöglich ist er einer der wenigen, die ich leiden kann. Pit drückt mich an seinen runden Bierbauch und gibt mir einen Kuss auf die Wange. »Hallo Süße«, sagt er und blickt sich um. Ach, so interessant bin ich also. Er würdigt mich ja kaum eines Blickes, na danke.

Ich verschwinde und mache mich auf die Suche nach Isi. Wir sind zusammen gekommen, doch sie wollte ein paar Freunde begrüßen. Alles Jungs und Mädchen, die ich auch kenne, von denen ich aber nicht glaube, dass sie besonders viel Wert darauf legen, ob ich sie nun begrüße oder nicht, deswegen tue ich es einfach nicht. Immerhin besser als sich zu blamieren oder schief angeguckt zu werden.

Ich laufe hin und her, ganz verloren und einsam. Obwohl ich doch mal wieder mittendrin bin. Viele Gesichter um mich herum. Bekannte und unbekannte, dennoch fühle ich mich dermaßen alleine, dass ich einem Heulkrampf nicht ganz abgeneigt wäre.
Ah, da ist sie ja. Ich stürme auf Isi zu und bemerke viel zu spät, dass Jessica und Jonas neben ihr stehen. Zwei Menschen, die ich ja über alles liebe. Jonas gibt mir zwar eine Umarmung und Jessica guckt mich komisch an und nickt mir zu. Aber auch darauf könnte ich durchaus verzichten.
«Jonas meinte, na Isi, cool dass du hier bist», berichtet Isi mir sehr triumphierend und ich ärgere mich. Wieso mögen alle nur meine beste Freundin und keine Sau sieht mich. Hallo, ich bin auch da! Jonas ist ein komischer Typ. Ehrlich gesagt, ich muss gestehen, er ist so komisch, dass ich ihn schon wieder unwahrscheinlich interessant finde. Ich liebe ihn auf irgendeine Art und auf die andere hasse ich ihn über alles. Sozusagen eine sogenannte Hassliebe.

Keine Ahnung, warum das überhaupt so ist. Wir kennen uns ja nicht mal besonders gut. Jedenfalls weiß Isi das und muss mir scheinbar immer eine reinwürgen, dass Jonas sie viel mehr mag als mich. Dass er sie immer lange umarmt und so weiter. Doch sie sagt ja, dass sie ihn hässlich findet und ebenfalls komisch. Tja, so sind manche Freundschaften eben. Konkurrenzkämpfe sind da nicht immer ausgeschlossen, auch wenn man es sich so sehr wünscht.

Ich verziehe mich mal eben mit meiner besten Freundin Isi auf die Toilette, um Luft zu schnappen. In der Gegenwart von diesen zwei bestimmtem Personen bekomme ich das nämlich nicht so gut hin. In dieser Gegenwart zieht sich meine Seifenblase, die mir vielleicht manchmal auch einfach Schutz bieten will, zusammen und lehnt sich ungewöhnlich eng an meine Haut, an meinen Körper, an meine Atmungsorgane. Danke Seifenblase, so konnte ich wenigstens verschwinden. Auch wenn ich diese blöde Seifenblase eigentlich hasse, ab und an ist sie viel zu gut, als das ich sie missen möchte.
»Was ist denn los mit dir? Du hast eben voll sauer gewirkt«
Isi weiß mal wieder gar nichts. Natürlich nicht. Ein Gefühl, das einem sagt, wie es den besten Freunden geht, wurde noch nicht erfunden. Ich jedenfalls, habe nicht das Gefühl, dass irgendjemand irgendwann einmal merkt, was mit mir los ist. Selbst wenn ich manchmal versuche, es durch die Blume zu flüstern, keine Chance. Ich müsste alles Schmerzhafte frei heraus sagen. Da ich das aber auf keinen Fall tue, muss ich damit leben, dass niemals jemand wirklich weiß, wie es mir geht. Hm. So ist die Welt, so sind die Menschen, so verdammt blöde ist das Leben.

Abdriften, weg sein!

Bin ich angekommen? Liege ich jetzt tatsächlich hier oben im Himmel auf einer unwahrscheinlich weichen schönen Wolke. Liege ich hier, oder ist es ein komischer Traum? Ich liege hier in der Tat, es ist flauschig und alles erstrahlt so hell, so friedlich. Ja, ich habe es wohl geschafft. Mir fehlt zwar die Erinnerung daran, wie ich es geschafft habe, aber das ist total unwichtig, die Hauptsache ist doch, dass es so ist, wie es ist und ich nicht mehr dort unten auf dieser dermaßen ekelhaften Welt leben muss.
Ich robbe mich weiter nach vorne um einen Blick nach unten auf die Erde zu werfen.
Ach Gott, sie ist so nahe dran, dass ich Angst bekomme. Ich kann alles klar und deutlich erkennen. Ich erkenne sogar fast die Augenfarbe der Menschen. Da läuft ein kleines Mädchen, sie ist vielleicht sieben. Auf dem Rücken hängt ein großer schwerer Ranzen in vielen bunten Farben. Ihr Mantel ist rot und ihre schönen braunen Haare sind zu einem langen Zopf geflochten, den sie sich seitlich über die Schulter gelegt hat. Sie geht überdurchschnittlich schnell, und das, obwohl sie einen so schwer aussehenden Ranzen mitschleppen muss. Und da sehe ich den Grund für ihre Eile. Hinter ihr geht in einem ebenso schnellen Schritt ein Mann. Schwarzgraue Haare und einen bösen Blick. Er trägt eine ältere Jeansjacke und hat schwarze Lederhandschuhe an. Ich fasse es nicht. Er verfolgt sie tatsächlich. Sie ist doch noch ein Kind, wieso macht er ihr Angst, wieso will er ihr Leben zerstören? Wieso, weshalb, warum? Ich kann es wirklich nicht glauben. Sie geht in eine kleine Gasse und rennt los. Er rennt ihr nach. Er packt sie am Arm, sie versucht sich loszureißen, beißt ihm in den Arm und rennt weiter. Doch er

bekommt sie wieder, schleift sie hinter sich her. Ich sehe nur noch die Angst in ihren Augen, danach verschwinden sie in ein Haus und ich weiß nicht, was dort passiert.
Ich ärgere mich darüber, dass ich nichts tun konnte. Ich könnte mich schlagen deswegen. Aber ich bin doch in Sicherheit und eigentlich wollte ich doch überhaupt nichts mehr von der Welt wissen. Ich wollte doch endlich meinen eigenen Frieden und den Frieden mit der Erde und nun ist alles so komisch.
Ich drehe mich auf den Rücken und blicke nach oben, es ist beruhigend diese vielen Wolken zu sehen, sie sind so weich und so wunderschön. Ich möchte niemals mehr hier weg und ich möchte auch nie wieder runter schauen und sehen, dass sich niemals etwas ändern wird auf der Welt.

Auf dem roten Klappstuhl sitzen, sich in dem blauen Himmel spiegeln. Fühlen, wie es ist, eine Sekunde nur glücklich zu sein. Ich fühle es gerade, denn der Anblick des wunderbar blauen Himmels stimmt mich zufrieden, auch wenn es nur ganz kurz ist. Ich sauge dieses kurze Gefühl tief in mich auf und dank der Seifenblase wird es fest verschlossen sein, tief in mir. Und keiner wird es mir wieder nehmen.

Gefühle nicht von dieser Welt.

Ich halte schon wieder ein Bier in der Hand und trinke es so schnell aus wie ich kann. Isabelle steht weiter weg, bei Gerrit. Sie ist noch immer in ihn verliebt. Das geht jetzt wirklich schon eine Weile, viel zu lange eigentlich. Aber ich kann sie verstehen, wenn man sich einmal Gefühle jemandem gegenüber eingesteht, wenn man es einmal ausspricht, dann fühlt man es ewig und erst dann fühlt man es richtig. Wenn ich manche Sachen einfach nur mit mir selbst ausmache, dann bedeutet das viel weniger. Erzähle ich Isi oder auch Amelie und Cleo von diesen seltsamen Gefühlen, dann wird es immer tiefer, immer doller, immer und immer fester. Seitdem rede ich mir ein, mich niemals mehr zu verlieben, weil es so unsinnig ist, wie das atmen.

Cleo steht neben mir und lacht über diese vielen Gestalten, die hier sind. Gut, sie hat ja Recht, dennoch denke ich, dass ich die Leute einfach lasse. Sie sollen mich auch einfach lassen. Jawohl, dass sollen sie. Bitte, bitte, bitte! Doch sie tun es nicht. Ich spüre diese vielen seltsamen Blicke auf mir, sie durchdringen mich und ich drohe zu ersticken. Mein Herz macht so schnelle Purzelbäume, mehr aus Angst, als aus Freude. Ich überstehe diesen Abend hier nicht. Ich werde es nicht überleben. Das alles wird mein Ende sein. Ich schaffe es nicht. Verdammt noch mal, ich schaffe es einfach nicht, so zu sein, wie all die anderen hier.
Eben einfach ganz normal.

Simsalabim, Lola ist wach!

Dieser Morgen ist furchtbar. Ich weiß ehrlich gesagt nicht, wie ich es überhaupt geschafft habe, meine Augen zu öffnen. Nein, das weiß ich Weißgott nicht und irgendwie ist alles so anders.

Meine Mutter kam sehr früh vorbei und alles drehte sich wie so oft um mich. Ja ganz genau, nur um mich alleine. Wie eh und je. Um die schlimme Lola, die nichts, aber auch wirklich gar nichts auf die Reihe bekommt. Eigentlich hatte ich vor, mich wie üblich gegen Mittag, wenn Lisa aus dem Haus ist, vor das Dachfenster in der Küche zu setzen und einfach nur abzuwarten, dass vierundzwanzig Stunden verstreichen. Doch alles kam anders. Wirklich alles. Meine Mama zu Besuch, Lisa in der Küche und Lotte kam auch noch. Hm. Nicht selbstverständlich, dass sich das so abspielt, eigentlich sehr ungewöhnlich. Doch nun ja, es war eben ein komischer Tag.

Mama sprach auf mich ein, mit Tränen in den Augen, sie sagte, ich solle etwas ändern. Mich verändern. Irgendwas tun, um endlich normal zu sein. Ich sagte gar nichts. Ich schaute lediglich auf den Linoleumboden und versuchte mich in irgendwas anderes hineinzufühlen. Keine Emotionen zuzulassen. Was sich relativ schwierig gestaltet, wenn man mit den Nerven schon seit Ewigkeiten total am Ende ist und man das Bedürfnis hat einfach immer zu heulen. Aber nein, diese Blöße gebe ich mir nicht schon wieder. Reicht ja wohl vollkommen, dass meine Familie weiß, wie beschcuert ich bin. Dass ich ein körperliches und seelisches Wrack bin. Ich würde mich am liebsten sofort in mein Bett legen und schlafen,

solange schlafen, bis die Welt rosa ist und ich mit Unmengen von schönen Gefühlen in den Tag ziehe. Doch soweit wird es niemals kommen. Ich werde weder gleich im Bett liegen, noch wird die Welt irgendwann ganz bunt sein.
Lotte sagte etwas davon, dass es viele Menschen gibt, die so seien wie ich, und die dennoch einen ganz normalen Alltag hinbekommen. Die eben leben, ohne sich zu verkriechen. Mag ja sein, doch wie gesagt, ich bin eben nicht wie all die anderen. Was bin ich eigentlich, wer bin ich?
Alle wissen es, nur ich irgendwie nicht!

Ich liebe meine Geschwister. Sogar über alles auf dieser Welt. Ebenso sehr liebe ich auch meine Eltern. Eines hasse ich nur wie verrückt, dass alle außer mir so normal geworden sind. Keiner ist ein psychischer Pflegefall. Nur ich. Nur ich ganz alleine. Natürlich findet meine Familie das unpassend und sicherlich auch auf irgendeine Weise nervig, aber was soll ich machen? Wenn ich irgendwas ändern könnte, dann hätte ich es mit voller Sicherheit schon lange getan. Aber ich bin so hilflos, und ich habe den Kampf mit mir selbst schon vor einigen Jahren aufgegeben, denn es erschien mir sinnlos. Jaaa, vielleicht bin ich ein Fatalist und male alles in schwarzen Farben aus. Wahrscheinlich liebe ich sogar den Fatalismus, weil ich mich geborgen fühle, denn ich sehe nun mal alles als unabänderlich.

Leg deinen Kopf in deine Hände und beginne zu träumen.

Wenn ich mir aussuchen könnte, wer ich wäre und wie ich leben würde, dann hätte ich ganz genau ein Bild vor Augen. Ich wäre ein Mädchen, wunderschön, selbstbewusst und vor allem unwahrscheinlich bodenständig.

Ich würde mir häufig denken, dass ich so glücklich darüber bin, wie ich lebe. Denn mein Beruf wäre wunderbar und alles andere in meinem Leben wäre unvergleichbar mit meinem jetzigen. Ich würde stets lachen und fast niemals weinen. Ich würde sagen, dass die Welt sich dreht und ich laufe mit. Nicht das ich stehen bleibe, so wie ich es seit einiger Zeit tue. Vielleicht wäre ich überglücklich, wenn alles anders wäre. Vielleicht wäre ich ein beliebtes tolles Mädchen, mit vielen Freunden, einer intakten Familie. Ohne geschiedene Eltern, ohne zerstrittene Geschwister. Vielleicht.

Dauerhaft einen glücklichen Moment festzuhalten, ist irreal.

Schmeckt mir das Bier heute besser als sonst, oder wieso halte ich es so fest in meinen Händen und nehme im Sekundentakt einen großen Schluck.

Isi und ich sitzen bei mir in der Küche. Sie hat Bier mitgebracht und deswegen sind wir nun schon seit einer guten Stunde dabei uns Mut für den Abend anzutrinken. Wobei ich nicht glaube, dass sie wirklich Mut braucht, ganz im Gegensatz zu mir. Wir hatten zwei Optionen für die Abendplanung. Entweder der Geburtstag von Katja, die ich ja ganz besonders gerne mag. Natürlich wollten wir da beide nicht hin. Oder eine Kellerparty bei Matze. Also haben wir uns dafür entschieden. Ich denke Matze ist weniger pathetisch und arrogant. Und im übrigen finde ich, dass Matze bis zum heutigen Tage mehr mit mir gesprochen hat als Katja. Katja ist eben so wie Jessica, vollkommen daneben. Eine Frau, für die ich nichts übrig habe. Klar, vielleicht ist es Neid, aber na und? Ich gebe zu, dass häufig meine Traurigkeit daher rührt, dass ich neidisch auf die Wesen in meinem Umfeld bin. Ist doch wohl auch nicht gerecht, dass alle ihr Leben einigermaßen sortiert haben und ich nicht, oder? Ach was soll es denn. Einfach nicht mehr mit solchen Fragen beschäftigen, jedenfalls nicht jetzt. Jetzt möchte ich nämlich gleich besoffen sein und so tun als wäre alles wunderbar und nichts wäre bisher in meinem Leben schiefgelaufen.

Isi steht auf und rammelt gegen einen blauen Hocker, der im Weg rum steht. Sie lacht und ich ärgere mich ein wenig. Wieso steht bei mir eigentlich immer überall irgendein Mist rum? Eine Frage die heute Abend auch eher unbeantwortet bleiben wird, weil ich auch genau auf solche Fragen keine Antwort kenne. Isi geht ins Bad und macht sich ihre Haare, ich sitze da und bemerke, dass noch kein Schluck Bier gewirkt hat. Ich bin noch immer tieftraurig und würde am liebsten zu Hause bleiben. Alles um mich herum stört mich total. Ich möchte von meiner Familie nicht mehr wissen, wie sehr es sie traurig macht, dass ich auf dieser Welt bin. Und ich möchte von Isi nicht mehr wissen, wie sehr sie mich dafür beneidet, dass ich nicht arbeiten muss und sie jeden Tag acht Stunden losgeht. Ich will von mir selbst keinen Druck mehr spüren, keine Selbstvorwürfe im Kopf haben. Ich will einfach nur anfangen zu leben, irgendwie frei sein.

Wir gehen los, eingehakt, ich sehr ängstlich und Isi ein wenig ängstlich. Die Nummer kaufe ich ihr aber nicht so richtig ab. Denn sie ist eine so starke Frau. Sie kennt viele Leute und kommt auch schnell in neue Kreise. Sie knüpft andauernd neue Kontakte und wird gemocht und geliebt, von allen. Jeder findet sie schön. Ist sie ja auch, ihre Figur, der Traum einer jeden Frau, rank und schlank. Nirgendwo ein Gramm zu viel. Gut, vielleicht finden einige Menschen sie zu dünn, doch ich beneide sie eher darum. Ihre langen Haare und ihre blasse Haut machen aus ihr ein kleines Schneewittchen. Süß und schön. Ich dagegen wirke wie ein kleiner rothaariger Klotz mit viel zu vielen braunen Punkten, die sich angeblich in manchen Kreisen süße Sommersprossen nennen. Hm, kann ich nicht nachvollziehen. Ich hasse die Dinger, muss aber dennoch mit ihnen leben.

Isi begrüßt wie immer viele Leute, Freunde, was weiß ich denn. Ich schnappe mir ein Bier und kippe es weg. Ich brauche Alkohol, sehr viel Alkohol.
Stop! Also, ich bin keine Alkoholikerin. Ich brauche das nur wirklich sehr stark, wenn ich am Wochenende unter vielen Menschen bin. Das halte ich anders einfach nicht aus, aber ich denke, so etwas in der Art erwähnte ich bereits irgendwann mal.

Isi lässt mich hier alleine stehen und ich ahne schon, dass sich das den ganzen Abend so weiterziehen wird. Danke, deswegen liebe ich meine beste Freundin besonders. Sie schmeißt mich immer wieder erneut ins kalte Nass und glaubt, dass das für mich kein Problem wäre. Als hätte ich ihr nicht schon zig mal gesagt, dass ich auf gar keinen Fall alleine gelassen werden möchte, wenn wir unter vielen Leuten sind, wo ich entweder keinen kenne, oder niemanden mag. Ich höre dann immer so Sätze wie: »Nein, keine Angst. Ich bleibe auf jeden Fall den ganzen Abend bei Dir.«, Oh ja und wie. Das sehe ich ja immer und immer wieder. Hach, wäre es doch schön, ich wäre nicht ich.

Der Pegel steigt, aus diesem Grunde auch meine Laune und die Musik wird auch immer besser. Von Hip Hop sind wir jetzt auf ein bisschen was rockigeres umgestiegen. Isi sagt, sie wolle gleich mal Mando Diao – Dance with somebody anmachen. Ich warte sehnsüchtig darauf. Kralle mir noch eine Flasche Bier und mische mir Whiskey mit Cola.

Ich atme durch und denke daran, wie es irgendwann einmal sein wird. Eine Stimme in meinem Kopf schreit: »Spring doch, du

Wahnsinnige« und die andere scheint mir sagen zu wollen, dass irgendwann alles gut wird. Allerdings glaube ich mehr der ersten Stimme und stelle diese leisen Gespräche der beiden ein indem ich mich zu Jonas und Pit und den anderen geselle. Ich bin sehr gerne in Jonas Nähe, sofern ich betrunken bin. Dennoch ertrage ich es wiederum nicht, dass er mich so extrem ignoriert. Damit werde ich wohl für immer leben müssen, schätze ich. Leider, leider, leider!

Alles dreht sich während wir zu Mando Diao tanzen. Mein Glas rutscht mir aus der Hand, ich höre genau wie es auf die Erde schlägt und zerplatzt, obwohl die Musik so laut ist. Ich starre runter und sehe diese vielen kleinen Glassplitter, wie sie so daliegen. Es ist geschafft, sie müssen nicht mehr dafür herhalten, damit andere Leute sich Flüssigkeit in ihren Körper führen können. Dieses Glas ist tot.

Ich gehe und suche die Toilette. Mir ist schlecht und ich bin gerade an einem Punkt angekommen, an dem mir zum ersten mal betrunken klar wird, dass ich nichts bin. Das ich nur existiere, aber nicht lebe. Mir wird auf einen Schlag so vieles klar. Dinge, die ich nüchtern weiß, doch im Delirium eigentlich niemals wahrhaben wollte. Verdammter Mist, diese blöde Toilette ist nicht mehr dort, wo sie vor ein paar Stunden noch war, sie ist verschwunden, etwas, was ich auch gerne sofort tun würde. Ganz unbemerkt, einfach nur verschwinden. Nicht im Erdboden, nein!
Ich gehe nach draußen und ich weiß auf einmal wieder, wo ich so gerne hin verschwinden würde. Dort hinauf in den Himmel, in den Himmel, der so wunderschön von Sternen beleuchtet ist. Am liebsten auf den Mond, denn ich mag den Mond. Er macht, dass es niemals stockduster ist, sondern immer noch ein bisschen

Licht auf diese Erde fällt. Etwas, was in meinem Leben irgendwie niemals passiert. Da kommt keiner und bringt Licht hinein. Ich selbst schaffe es ja bekanntlich nicht alleine.

Ich setze mich auf den Bordstein.
Von drinnen ertönt leise „Journey – Don't Stop Believin". Hach wie wundervoll. Ich lege meinen Kopf in die Knie und versuche mit dem Denken aufzuhören. Selbstverständlich fällt einem das alleine und bei einem so schönen Lied sehr schwer, mir ja ohnehin eigentlich immer. Ich höre Schritte und rieche einen sehr guten männlichen Duft. Es muss Hugo Boss sein. Die Person lässt sich neben mir nieder und schweigt genauso wie ich. Einerseits interessiert mich, wer da neben mir sitzt und andererseits ist es mir scheißegal. Vielleicht bin ich manchmal extrem egoistisch, obwohl ich es mir verbete, mich mit dem Wort Egoismus in Verbindung zu bringen, so wie es mein Schwesterherz Lisa schon häufiger mal gemacht hat. Aber das ist wohl ein anderes Thema und wird dementsprechend zu einem anderen Zeitpunkt oder eben niemals thematisiert. Also fasse ich mir ein Herz und hebe meinen Kopf. Vor meinen Augen erscheint ein Prachtstück von Mann. Himmelherrgott, ich sehe in die schönsten grünen Augen der Welt. Sie spiegeln Glück und Zufriedenheit wieder. Alles das, wonach ich strebe. Ich sehe wuschelige und leicht lockige dunkelbraune Haare. Ich falle halb in Ohnmacht, als ich erkenne, dass es sich hier nicht um eine Halluzination handelt, es ist real, er ist real.

Ich lebe ewig in einem kleinen unscheinbaren Örtchen und erblicke an dem tiefsten Punkt meiner Depressionen, nämlich an einem Punkt, an dem ich anfange, mich im besoffenen Zustand zu bedauern, einen Kerl, der meine Wunden und mein Bedauern mit einem Schlag wegfegt, einfach so. Ich kann nicht mehr an mir halten, ich nehme seinen Kopf in meine kalten rauen Hände und gebe ihm einen sanften Kuss auf seine schönen roten Lippen. Er drückt mich an sich und küsst mich, wahrscheinlich soll es leidenschaftlich sein, es ist aber alles andere als das. Wir harmonieren überhaupt nicht miteinander. Dennoch, ich will auf der Stelle mit ihm schlafen und fahre prompt mit meinen Händen unter sein T-Shirt, die weiche Haut entlang, über Muskeln und Knochen. Ganz unerwartet steht er auf. Ich sehe ihn nicht an, starre verschämt weiter geradeaus. Nun brodelt es in mir. Ich bin wütend. Und auch einsichtig. Mir war bewusst, dass ich nicht besonders schön bin und intelligent und abenteuerlich, aber das ein Mann aus solchen Gründen nicht mit mir schlafen will, fand ich komisch. Ich habe Brüste, das reicht den meisten doch. Ich bin ein Mädchen, dass reicht genauso.

«Was denn? Geht dir das etwa zu schnell?», frage ich ganz gemein und rücksichtslos. Ich wäre wahrscheinlich ausgerastet, wenn er mich so angefahren hätte. Aber er nicht. Er ist scheinbar ein Superheld, cool und lässig. Bla. Eben ein Typ, den ich von vorne herein nicht ausstehen könnte, wäre er nicht so schön und hätte es nicht gerade so unglaublich zwischen uns geknistert.

»Nein Mademoiselle, ich denke nur an dich. Du würdest es mit voller Sicherheit morgen sehr bereuen. Jetzt bist du betrunken, im Gegensatz zu mir...«, Huch, er ist nicht betrunken und küsst mich trotzdem?

Ich finde das wahnsinnig erstaunlich. Ich bleibe ruhig, sage kein einziges Wort mehr. Ich balanciere meinen Oberkörper Richtung Bordstein und hoffe, das ich ihn so gut halten kann, dass ich mir meine Birne nicht aufschlage. Ich habe Glück und lande einigermaßen gut. Kurze Zeit später legt er sich neben mich. Seine Hand unter meine. Wir starren weiter nach oben in den Himmel. Vermutlich beobachtet er die Sterne. Ich dagegen frage mich, ob er sich vorstellen kann, dass ich gerne da oben wäre.

Eine Melodie streichelt meine Sinne.

Isi hatte den Moment gestern ordentlich zerstört. Sie kam raus, knallte die Tür zu und bat mich darum, dass wir nach Hause gehen. Sie sagte mir, dass Gerrit ein blöder Arsch ist. Ich stand auf, meine Augen auf diesen wundervollen namenlosen Prinz gerichtet. Ich genoss den kleinen Moment, indem sich unsere Blicke noch einmal trafen. Dieses tiefe grün, es erschlug mich beinahe, so überragend war es.

Aber im Moment bin ich weniger davon überzeugt, dass das alles wirklich passiert ist. Ich war betrunken und ich kann mir auch viele Sachen einbilden, die nicht stimmen. Jetzt, wo p7o – Arianthem mich mit Klavierklängen beglückt, weiß ich noch viel weniger. Es ist nicht so, dass ich stark abdrifte bei dieser Musik, aber ich fange leicht an, Luftschlösser zu bauen und mich darauf zu freuen, irgendwann ein Leben zu führen, das mich glücklich macht. Ein Leben, das ich ständig aufschreibe, in meinen Geschichten. Frauen, die nett und freundlich sind. Und, die einiges erreicht haben. Abgeschlossene Studien, gute Arbeitsplätze, viel Geld. Tolle Freunde und eine großartige Familie. Komisch, alles das, was mir zu fehlen scheint. Doch so richtig sicher bin ich mir da gar nicht.

Isi war gestern sehr enttäuscht darüber, dass Gerrit nicht mit zu ihr fahren wollte, deswegen war sie sauer und wollte gehen. Sie ist nun mal sehr verliebt und ich verstehe sie. Trotzdem, sie lässt mich zu oft im Stich. Vielleicht war es gestern besser so, vielleicht aber auch nicht. Was weiß ich denn? Nichts weiß ich, wie immer. Ich habe noch nie etwas gewusst und ich werde wahrscheinlich auch nie irgendwas wissen, jedenfalls nichts, was mich irgendwann mal weiterbringen wird im Leben.

Der blaue Himmel, ja, er ist wie eh und je schön. Ich sehe hinauf und frage mich, wann ich denn endlich den Punkt erreicht habe und wirklich für immer dort oben bin. Wann ich ankomme und nie wieder gehen muss. Es scheint mir so, als werde ich schon sehr bald ankommen.
Ich klappe den Stuhl zusammen, stelle ihn an die Wand, schließe die Tür hinter mir und gehe in mein Zimmer. Ich lege mich ins Bett, schließe meine Augen und fantasiere in meinen Träumen.

Viele Gefühle, die die Menschen fühlen, sind irreführend. Selten sind sie wahrhaftig und endlos.

Letzten Sommer, das war ein fantastischer Sommer. Ich habe gespürt, dass wir Mädels zusammenhalten, egal was kommt. Wir haben uns den Rücken gestärkt, füreinander gelogen und etliches mehr. Das hat mir irgendwie geholfen anzufangen, anderen Menschen wieder ein wenig zu vertrauen. Ich habe gemerkt, dass es Personen gibt, die mich wirklich mögen, obwohl ich mir da jetzt gerade gar nicht mehr ganz so sicher bin. Aber das ist wirklich typisch für mich. Ich werde sicherlich niemals irgendetwas wirklich glauben, auch wenn ich mir kurzzeitig sicher war, dass ich endlich anfangen kann, zu glauben. An andere Menschen und auch an mich.

Cleo ist eine gute Freundin von mir und es ist ganz seltsam, dass wir beide uns nicht mehr wirklich daran erinnern können, wie wir uns vor ein paar Jahren kennen gelernt haben. Aber diese Frage stellt sich uns heute eigentlich gar nicht mehr. Wir sind nun mal jetzt Freunde und das soll auch so bleiben, ganz gleich, wie uns das Schicksal zusammen geführt hat.

Hannah kenne ich aus der Schulzeit, das sind also auch schon einige Jahre. Ich bewundere diese starke Persönlichkeit die zudem auch noch unglaublich gut aussieht. Ich weiß auch nicht, aber Hannah ist wirklich eine Heldin, irgendwie jedenfalls. In Sachen Männern vielleicht nicht gerade, denn es gab Zeiten an denen ich förmlich darauf gewartet habe, dass sie mich anruft und mir berichtet, sie wäre verliebt. So wie es eine Woche vorher auch war, nur in einen anderen Kerl. Einmal ließ sie sich auf den Stuhl in unserer damaligen Küche sinken und sagte laut und enthusiastisch »Lola, ich bin verliebt. Diesmal wirklich«. Ich schmunzelte, nahm ihr aber ihr Verliebtsein wirklich ab. Es konnte ja sein, dass sie sich irgendwann wirklich mal richtig verliebt. Hannah ist so anders als alle Menschen die ich kenne.

Isi ist wohl meine beste Freundin. Ich kenne sie bald zehn Jahre und dieses Gefühl ist gut. Jemanden so lange zu kennen, dass macht schon wirklich viel aus. Isi ist da und baut mich auf. Sie sagt mir, dass ich nicht zu dick bin, auch wenn wir beide wissen, dass fünf bis sechs Kilo weniger wirklich nicht schlecht wären. Isi mag das Leben, auch wenn sie manchmal sagt, dass sie alles nervt. Sie liebt es dennoch. Sie ist ebenso toll, wie alle meine Freundinnen. Eine ist toller als die andere und so weiter. Lisi, meine Schwester ist etwas ganz Besonderes, denn sie ist wirklich nicht ein bisschen so wie meine Freundinnen. Sie sagt, was sie denkt und verliebt sich nicht mal annähernd so häufig wie die meisten Mädchen. Dieses Gen ist uns vielleicht von unseren Eltern vererbt worden, denn ich verliebe mich ja auch nie so wirklich.

Diese Geranien in ihrem intensiven Pink stimmen mich ein wenig fröhlich. Sie leuchten, sie haben die Kraft zu leuchten, nicht so wie ich. Würde ich sie nehmen und kaufen, hätten sie die längste Zeit ihres Lebens geleuchtet. In meiner Obhut würden sie ihre Farbe verlieren. Sie würden kraftlos werden. Sterben. Elendig sterben.

Jawohl, ich schmeiße diese ganzen Sachen zum Fenster raus. Sachen, die mich mein Leben lang begleiten. Alte Briefe. Alte Briefe

und alte Fotos. Am liebsten, ja am liebsten würde ich das alles zum Fenster rauswerfen. Wirklich! Doch was würden diese neugierigen blöden Nachbarn denken? Die denken doch sowieso schon, dass ich ziemlich einen an der Waffel habe, was ja auch stimmt, irgendwie jedenfalls.
Ich würde am liebsten mich aus dem Fenster schmeißen. Sterben. Weil ich nichts kann, nicht einmal das aus dem Fenster springen. Ich habe natürlich in diesem Fall auch Gewissensbisse. Was würden die ganzen Leute sagen. Was wäre wenn ein Kind an mir, als Leiche vorbei gehen würde. Das möchte ich niemanden zumuten. Ich bleibe lieber so, lebend hinter verschlossener Tür. Weggesperrt. Isoliert.

Lass doch mal das Spießig sein.

Ich spreche meistens nicht aus, was ich denke. Ich glaube, dass es besser ist. Wieso sollte ich Sachen sagen und Menschen, die ich liebe damit verletzen, nur weil ICH glaube, dass das was ich denke und glaube, richtig ist? Na hoppla, eigentlich funktioniert das Leben so, was? Ach, das Leben funktioniert auch auf keinen Fall so, wie ich es lebe und dennoch lebe ich so, noch jedenfalls. Bis ich es vielleicht endlich mal schaffe, irgendetwas zu ändern. Ich denke das passiert bald, denn ich habe schon wieder ein Gespräch mit meiner Familie. Wieder sind es Lotte, Mama und Lisi. Wahrscheinlich wäre Anne auch noch gekommen.

Anne ist ebenfalls eine meiner Schwestern, sie ist aber anders. Sie achtet weniger darauf mit der Masse zu schwimmen, sie ist einfach ihr eigener Herr und lässt sich von Nichts und Niemanden in irgendeiner Weise beeinflussen. Bei Lotte und Lisi ist das anders. Bei mir übrigens auch. Wie gesagt, ich wäre ja eben gerne genauso wie alle anderen.

Anne hatte sicher keine Zeit, wegen ihrer Kleinen. Leonie, sie ist auch goldig. Ein Wirbelwind wie man es von den meisten Kindern kennt. Aber das komplette Gegenteil von Mara.

Ich höre mir mal wieder die üblichen Sachen an.

»Lola, so kann es einfach nicht weitergehen. Du musst was ändern«, kommt es mal wieder aus dem weinerlichen Gesicht meiner Mutter. Schon wieder habe ich es geschafft andere wegen mir traurig zu machen. Reicht es nicht einfach, dass ich traurig bin, weil ich so bescheuert bin? Nein, natürlich nicht.

Es muss mir selbstverständlich noch viel schlechter gehen, denn

wenn ich meine Mutter weinen sehe, zieht sich in mir etwas ganz grausam zusammen, dass es verdammt weh tut. Und das alleine ist nicht das schlimmste. Also das sie weint, nein, der Gedanke daran, dass sie wegen mir weint, wegen meiner Blödheit, oder eher, weil ich überhaupt existiere, dass tut besonders weh. Und es macht mich wütend. Auf mich selbst.
Ich könnte mich hauen, schlagen, treten, kneifen. Ich möchte mir die Augen auskratzen. Mir einfach nur weh tun, doch das würde ich gar nicht spüren, denn körperlicher Schmerz kann mir nichts mehr anhaben. Der Schmerz der meinen Körper von innen zerfrisst ist der schlimmste Schmerz, den man spüren kann.

Mama laufen dicke Tränen übers Gesicht und ich kann nicht an mir halten, ich renne ins Bad und schließe mich ein. Ich weine so bitterlich das mein Kopf mal wieder anfängt zu dröhnen. Lotte kommt an die Badezimmertür und klopft.
»Lola komm raus. Wir wollen dir doch nur helfen. Wir wollen dir nichts Böses, das weißt du«.
Natürlich weiß ich das, aber mein Gott, es geht eben nicht. Die raffen es aber auch nicht. Weil mich keiner versteht, manchmal verstehe ich mich selber ja nicht. Aber sie können sich nicht mal ein bisschen in meine Situationen hinein fühlen. Am wenigsten kann es Lisi, keine Ahnung wieso. Ich schluchze weiter und versuche mit Klopapier meine Augen trocken zu bekommen, aber es geht nicht, die Flüssigkeit steigt andauernd erneut in meine Augen und fließt schneller als ich wischen kann. Meine Nase läuft ebenfalls wie verrückt und ich wünschte mir gerade so sehr, ich wäre tot.

Es ist wahrscheinlich krankhaft, dennoch versuche ich immer vor

Situationen zu flüchten, die mir unschön und ungerecht erscheinen. Ich finde es so fies, dass ich diejenige bin, über die gesprochen wird. Gute Ratschläge kann ich auch permanent geben, wenn es nicht mein Leben ist.

Eventualitäten sind vollkommen ausgeschlossen.

Wir sitzen bei Cleo im Zimmer und betrinken uns, wie sooft. Was sollen wir auch sonst an einem Freitagabend machen, dasitzen und Däumchen drehen? Fernsehgucken, oder einen Spielabend machen? Ich meine, ich habe nichts dagegen Spiele zu spielen, eigentlich mache ich sowas sogar sehr gerne, aber eben momentan nicht. Ich bin nicht in der Lage gesellschaftliche Dinge zu vollbringen. Mit Menschen wirklich zu kommunizieren, wie Menschen, ganz normale Menschen natürlich. Deswegen sitze ich mit meinen Freundinnen zusammen und wir trinken Alkohol. Habe ich schon mal erwähnt, dass ich am liebsten raus gehe, wenn es schon dunkel ist? Besser gesagt gehe ich ohnehin nur selten raus und wenn, dann müsste es schon dunkel sein und Alkohol muss im Spiel sein. »Kai spinnt auch wieder voll. Vorhin haben wir uns wieder so was von gestritten. Ich weiß auch nicht, aber im Augenblick läuft es einfach nicht mehr so zwischen uns«, berichtet Cleo. Sie ist die einzige von uns, die in einer Beziehung ist und dennoch dauerhaft unglücklich. Ständig streitet sie sich mit Kai über irgendwelche belanglosen Sachen und das ist blöd. Nennt man so etwas eine glückliche Beziehung? Aber es ist nun mal so, dass manchmal alles schön ist und sie deswegen dann wieder tolle Momente haben. Deswegen versuchen sie es immer und immer wieder zusammen. Vielleicht gehören sie ja auch zusammen, ich weiß es doch nicht! Mir ist es letztendlich auch egal.

»Wollen wir los?«, fragt Cleo, die am liebsten als erste auf Partys erscheint. Ich dagegen bin grundsätzlich am liebsten die Letzte. Je später der Abend, desto schöner die Gäste, sagen Isi und ich immer.

Aber Cleo hält, glaube ich, von dieser Weisheit nicht so viel. Sie hetzt und will los, sie meint, sonst wird sie müde und das wäre ja blöd und so weiter und so fort. Ich trinke mein Bier mit wenigen Schlucken weg und hoffe, dass mein Hirn bald ausgeschaltet ist. Scheinbar wirkt der Stoff heute nicht so besonders schnell, leider um es auf den Punkt auszudrücken. Ich will auf der Stelle betrunken sein, ganz doll betrunken!
Als wir auf der Party von Gregor, einem Freund von Cleo, ankommen, werde ich schon das erste mal aus der Bahn geworfen, denn der Anblick von Jonas macht mich irgendwie noch immer ziemlich fertig. Ich höre Laura Jansens Bells und finde nicht, dass mich dieses Lied gerade besonders aufmuntert. Blöder Abend. Ich hätte zu Hause bleiben sollen. Alleine. Gemütlich. Still und friedlich. Dasitzen, nichts sagen. Nichts hören. Keine Antworten geben. Nicht nett lächeln müssen.
Es ist nichts schlimmes unter Menschen zu sein, hier sind ja keine Killer oder sonst irgendwelche Verbrecher, dennoch ist es ein durchaus unangenehmes Gefühl für mich. Ich merke es schon alleine daran, dass sich diese blöde und manchmal unglaublich fiese Seifenblase so fest um mich schließt, dass ich Panik bekomme.

Isi und Cleo scheinen sehr begeistert zu sein, sie begrüßen haufenweise Freunde und Bekannte, ich stehe immer daneben und werde von allen angelächelt. Manchmal wird mir auch eine Hand entgegen gestreckt, ich nenne dann meinen Namen und versuche den jeweiligen auch zu verstehen, denn die laute Musik hindert mich ein wenig daran. Der nächste Schock kommt, als ich den namenlosen Schönen sehe. Allerdings nicht alleine. Mit einer blonden Schönheit. Groß, schlank. Tolles Gesicht, braune Augen

und makellose Haut. Sie hat volle Lippen und perfekt gezupfte Augenbrauen. Ich frage mich, wie sich zwei wunderschöne Menschen finden und auch noch ein Paar werden. Kann das sein?
Er sieht mich, lächelt und dreht sich wieder weg. Toll. Tränen sprießen in meine Augen. Jetzt bloß nicht heulen, Lola. Hör auf. Das wäre so oberpeinlich, dass ich mich sicher nie mehr irgendwo blicken lassen würde. Also besiege ich die Tränen und versuche wieder einigermaßen locker und lässig zu wirken, was mir eigentlich niemals gelingt.
Ich setze mich auf ein rotes Sofa und versinke in dessen Kissen. Nicht mehr aufstehen, nur noch hier sitzen und sehen, was die Leute tun, um aufzufallen.
Es ist eine meiner Lieblingsbeschäftigung Frauen und Männer zu beobachten. Kinder auch, doch bei denen ist es eher der Faktor: Mögen. Bei den anderen beiden Lebewesen, rede ich eher davon Makel und Fehler zu entdecken. Kinder bewundere ich, Erwachsene verdamme ich.
»Oh Pardon, Mademoiselle. Wie geht's?«
Ich höre seine Stimme. Ich erkenne sie sofort. Niemand hat eine so beruhigende schöne Stimme wie er. Ich frage mich, wie er das macht, ich sehe ihn noch nicht und dennoch beginnt mein Herz wild zu schlagen. Ich spüre etwas lang Vermisstes, Gefühle für einen Menschen? In meinem Kopf gehe ich sämtliche Sätze durch, die ich sagen könnte, doch ich schaffe es nicht, sie wirklich gut zu formulieren. Ich drehe mich zu ihm und sehe wie niedlich er sich über die Sofalehne beugt. Ein Anblick, der so unnatürlich ist.
»Ich habe nicht damit gerechnet, dass wir uns so schnell wieder sehen«, sagt er und lächelt mich zufrieden an.
»Ich auch nicht.«, sage ich und versuche so entspannt wie mög-

lich zu wirken.
»Aber ich finde es ehrlich gesagt schön«, Er sagt das, was ich denke. Deswegen nicke ich einfach nur erneut und versuche mir weiterhin nichts von meinem blöden Geiste anmerken zu lassen. Er soll noch nicht wissen, dass ich strohdoof und krank bin. Er setzt sich neben mich. Oh Gott, jetzt muss ich mir eine Zigarette anstecken und einen riesigen Schluck Bier verzehren. Anders geht es wirklich nicht.
»Du weißt, dass Rauchen ungesund ist?«, fragt er.
»Nö, aber danke für diese Info. Damit kann ich jetzt unglaublich viel machen«, antworte ich, und merke das ich vollkommen lässig gewirkt haben muss.
»Was bin ich doch für ein großzügiger Mensch, jetzt kläre ich schon auf Partys junge Mädchen darüber auf, dass Rauchen schädlich ist.«, Dazu sage ich einfach gar nichts. Wir sitzen weiter nebeneinander und sehen uns die Menschen an. Mein Blick schwankt eigentlich die ganze Zeit zwischen Jonas und dieser bildhübschen Freundin von dem Unbekannten neben mir. Sie stehen ziemlich weit auseinander und deswegen vermute ich, dass meine Blicke nicht zu auffällig sind.
Ein neues Lied erklingt. Tomte – Ich sang die ganze Zeit von dir. Wunder-, wunder-, wunderschönes Lied. Als der Refrain erklingt zucke ich zusammen, denn ich spüre die Hand von dem Wuschelkopf auf meiner Hand. «Weißt du, was du mir bedeutest, auf einem Platz in meinem Herz steht dein Name an der Wand. Und ich will das du es erfährst. Ich werde immer an dich glauben, egal was auch passiert.« Wenn das nicht Balsam für meine verwundete Seele ist?

Lache einfach über das Entsetzliche,
anders überstehst du es ja doch nicht.

Ich öffne meine Augen und erblicke über mir wieder unzählige weiße Wolken. Meine erste Nacht auf der Wolke und ich wünsche mir nicht, ich könnte noch viel länger schlafen. Nein, ich bin froh wach zu sein und wieder alles ganz genau zu sehen und zu fühlen. Dieses weiß, es blendet fast, doch es ist auch so flauschig und kuschelig, dass ich am liebsten die Augen dauerhaft geschlossen halten würde. Ich höre etwas. Woher kommt das? Wieso höre ich hier oben irgendwelche Stimmen? Kinderstimmen. Natürlich kann ich nicht anders und luge über den samtigen Rand der Wolke und es bietet sich mir ein Bild, dass ich nicht sehen wollte.

Ein Junge wird hin und her geschubst, ein anderer hält ein Messer in die Höhe und freut sich darüber. Das Szenario spielt sich auf einem Schulhof ab und kein Lehrer schreitet ein. Es ist Pause und dennoch sehe ich niemanden, den ich als Lehrer bezeichnen würde. Der erste Schlag fällt, in den Bauch des blonden Jüngling. Am liebsten würde ich zurück schlagen, aber wie? Die ganzen anderen Kinder laufen weiter einfach sinnlos ihre Runden über den Pausenhof, als würden sie nicht sehen, dass ein Kreis um ein Opfer gebildet wurde.
Der nächste Schlag, dieses mal auf den Brustkorb. Ein schwarzhaariger und ein dunkelblonder Junge schlagen ein, lachen, freuen sich. Sozusagen ein »Gut gemacht, Kumpel.« Wie widerlich. Ich finde es zum Kotzen. Wieso denn bloß? Warum machen diese Jungen das Leben von einem anderen kaputt. Es besteht dringender Erklärungsbedarf. Doch wer soll mir irgendwas erklären? Der

doofe Junge mit dem Messer guckt sehr böse, viel zu böse, für einen Jungen, der vielleicht gerade mal zwölf oder dreizehn ist. Er hält es dem Blonden an den Bauch. Ich höre wie er schreit. Um Hilfe schreit er, doch keine Menschenseele rührt sich. Was ist das für eine Kackwelt, in der so was einfach passieren kann? Ich drehe mich weg und schaue nicht mehr nach unten. Das alles würde mich nur sehr traurig machen. Ich möchte mich nicht mehr beeinflussen lassen von diesem Krempel. Ich bin angekommen. Der Junge wird früher oder später auch hier oben landen...

Wenn die Farben, die ich manchmal sehe,
von Dauer wären, wäre mein Leben weniger Trist.

Ich passe auf meine kleine Nichte Leonie auf. Wir spielen Memory und malen. Wir lachen, denn sie deckt ganz oft drei auf und ich passe zu oft nicht auf um sie davon abzuhalten auch noch eine vierte Karte aufzudecken. Es ist so niedlich zu sehen, wie die kleinen Händchen die Karten nehmen und versuchen hochzubekommen. Manchmal hängen sie so sehr am Tisch fest, dass Leo wirklich geschlagene drei Minuten braucht, denn meine Hilfe möchte sie nicht, »Ich bin ja schon ein großes Mädchen, sagt Mama«, bekomme ich dann ausschließlich von ihr zu hören.
»Natürlich bist du das. Wie konnte ich bloß was anderes denken. Du bist schon eine große Dame, Mäuschen«, sage ich und darüber freut sie sich. Nach dem Memory spielen, essen wir Schokokekse und Leonie sieht dabei weniger elegant aus.
»Renn schnell ins Bad, Hände und Mund waschen«, sage ich und wir beide springen unter großem Gelächter auf.
»Zack, zack«, rufe ich und sie rutscht auf den Fliesen aus. Jetzt hat sie einen Lachanfall. Sie kriegt sich kaum noch ein und ich muss mitlachen. Es ist das Schönste auf Erden, sich vom Kinderlachen anstecken zu lassen.
Mit sauberen Händen und einen einigermaßen sauberen Mund kuscheln wir uns auf das Sofa. Leonie nimmt ihr Schaf und ihre Flasche und ihre Augen fallen nach ein paar Minuten zu. Ich frage mich, ob es in meinem Leben noch mehr solcher wunderbarer Momente gibt. Anne kommt früher als erwartet. Wir setzen uns in die Küche, rauchen eine Zigarette zusammen und trinken Kaffee. Wir reden über Belangloses und warten darauf das Leo aufwacht.

Es kann nur noch Minuten dauern und sie spricht mich an. Nur noch Sekunden. 3, 2, 1... Boom.

»Sag mal Lola, wie soll es denn jetzt eigentlich weitergehen?«, fragt sie mich allen Ernstes jetzt.
Wo ich eben so glücklich und zufrieden war. Wo es gerade mal für ein paar Stunden einen Menschen gab, er all das Schwarze von meiner Seele geschippt hat und alles Schöne hinein gestopft hat. Ich wäre sicher noch ganze zwei Stunden einigermaßen glücklich gewesen. Doch nun, nun hat es mal wieder jemand geschafft. Gönnt mir eben niemand mal dieses klitzekleine Gefühl des Glücks. Ich zucke mit den Schultern. Ich weiß doch, dass sie es schon weiß. Das Gespräch zwischen Lotte, Mama, Lisi und mir wird sicher schon bei ihr angekommen sein. Sonst schaffen es doch alle immer, innerhalb von zehn Minuten, die wichtigsten Sachen an den Mann zu bringen.
Vor allem in meiner Familie.
»Gehst du jetzt zum Arzt oder nicht?«, bohrt sie weiter nach.
»Ja Mann. Lotte macht mir doch einen Termin. Aber das haben dir sicher die anderen schon erzählt, oder etwa nicht?«, Ich kann nichts dafür, dass ich immer so zickig und unfreundlich werde, wenn es um meine Zukunft, mein Leben geht.
In Wahrheit weiß doch eh niemand was ich denke und fühle. Welche Scheißgedanken sich andauernd durch meinen Kopf kämpfen. Welche Gefühle ich habe, wenn ich an das denke was kommt, oder auch nicht kommt. Niemand fragt danach. Jeder fragt nur, wie es weitergeht. Oder gibt überdurchschnittlich schlechte Ratschläge, weil wegen keine Ahnung von nichts.

Ich habe keine Lust mehr darauf mit Menschen über Sachen zu sprechen, von denen sie keine Ahnung haben. Ich hasse das.

Ich hasse das Leben. Ich hasse die Welt.
Ich hasse Kommunikation.
Ich hasse erzwungene Harmonie. Ich hasse Katzen.
Ich hasse Angst. Ich hasse Orange.
Ich hasse Ahornholz. Ich hasse die Wahrheit.
Ich hasse Trauer. Ich hasse Männer.
Ich hasse Ungerechtigkeit. Ich hasse Raclette.
Ich hasse Frauen. Ich hasse Verbrecher.
Ich hasse Intoleranz. Ich hasse Depressionen.
Ich hasse mich. Ich hasse. Ich hasse. Ich hasse.....

Adieu.

Ich trauere soeben meiner Zuversicht und meinem Optimismus nach. Die beiden scheinen irgendwann mal zum Fenster rausgefallen und überfahren worden sein, jedenfalls sind sie niemals zurück gekommen. Womöglich wäre es gut gewesen, ich hätte nach ihnen gesucht. Doch ist es nicht viel schöner sich mit etwas abzufinden, als zwingend zu versuchen, irgendwas zu bekommen, von dem man weiß, dass man es schon viel zu lange verloren hat? Ich bin zu bequem um zu suchen, ich bin zu müde um irgendwelche Versuche zu starten.

Ich bin einfach Lola Steiner und ich werde niemals jemand anderes sein, so sehr ich es mir auch wünsche. Der Wunsch irgendjemand anderes zu sein basiert darauf, ich habe es nämlich höchstpersönlich analysiert, dass ich zu wenig wert bin, um geliebt zu werden. Weder bin ich hübsch, noch bin ich schlau. Das einzige, was ich habe, sind meine irrsinnigen Gedanken, die mich bisher zu nichts gebracht haben. Außer dazu, dass ich ein einsames achtzehnjähriges Mädchen bin. Ohne Realismus, ohne Geld. Ohne Liebe.

Isi und ich werden Morgen zu ihrer Mama ans Meer fahren. Ich frage mich schon seit Stunden, wie das wohl wird. Es könnte sein, dass ich hilflos und weinend in irgendeiner Ecke hocke und mir wünsche alleine zu Hause zu sitzen. Es kann aber auch anders kommen, ich weiß es nun mal nicht. Bisher waren meine Vorhersagen immer komisch. Nie ganz genau, aber manchmal schon nahe dran. Ich wünsche mir, dass dieses Wochenende an der Ostsee so schön wie möglich wird. Ich freue mich riesig darauf, mit Isi zu verreisen.

Sonst kann ich mir so was ja nie finanzieren, aber dieses mal ist das alles kein Problem. Schließlich haben wir einen Schlafplatz, Essen und Trinken. Mehr brauchen wir nicht. Nur sie und ich.

Ich stehe da. Warte auf den Zug. Ich betrachte die Gleise. Bemerke, wie schön sie sind. Ich finde, sie haben etwas Nostalgisches. Sie sehen aus, als wären sie von früher. Aus einer anderen Zeit. Vielleicht aus einer besseren Zeit. Ich kenne diese Zeit nur von Schwarzweißfotos meiner Eltern. Für mich ist die damalige Zeit eine graue und weniger bunte Zeit gewesen. Ich glaube fest daran, dass das Gras damals nicht grün war.

Einen Moment lang kommt mir in den Sinn, dass ich mich auf die Gleise stellen könnte. Einen Moment spiele ich mit dem Gedanken mich hier und jetzt von einem Zug überfahren zu lassen. Doch der Augenblick vergeht. Der Zug kommt, ich steige ein.

Unwissenheit ist eines der schlimmsten Dinge auf der Erde. Unwissenheit macht traurig, wütend und hilflos.

Ludovico Einaudi – I Giorni.
Ich warte auf Isabelle. Sie wird gleich von der Arbeit kommen, wir werden uns noch eine Stulle für unterwegs schmieren und dann zum Bahnhof gehen.
Ich verfluche gerade dieses leere Gefühl in mir.
Vielleicht ist es gar kein Gefühl. Es ist verdammt noch mal, diese Unwissenheit, die so oft in meinem Kopf umher kreist. Die mir Angst macht und die mir so viele Fragen stellt. Es ist häufig so, dass ich mich auf einer Party frage, ob Jonas mich eigentlich mag oder nicht. Ich weiß es ja eben nicht. Manchmal ist er nett und dann ignoriert er mich wieder mal. Aber das ist gerade unwichtig. Die Frage ist, ob ich dieses Wochenende überlebe oder nicht.

Es klingelt. Das wird Isi sein. Ich öffne die Tür und sie kommt hoch.
»Hallo«, sage ich. Das Gleiche erwidert sie.
I Giorni läuft noch immer.
Wir stehen im Flur und stehen da. Nachdenklich. Wahrscheinlich weiß Isi, dass ich mir zig Fragen stelle und einfach nur inständig hoffe, dass dieses Wochenende gut wird und ich nicht seelisch dabei draufgehe. Wir setzten uns in die Küche und rauchen eine.
»Lola, du glaubst gar nicht, was mir gerade passiert ist«, beginnt sie ihren Satz und ich höre aufmerksam zu. »Als ich von der Arbeit weggefahren bin, stand auf einmal hinter mir an der Ampel ein silbernes Auto und ich habe nur gesehen, wie mir da welche gewunken haben und weißte, dann habe ich gesehen, wer es war. Natürlich Gerrit. Super, da will man schon mal wegfahren um

den ganzen Mist mit den Kerlen zu vergessen und abzuschalten und dann passiert mir wieder so was«, Ich weiß ganz genau was sie meint. Ihre Gedanken drehen sich jetzt erst mal eine Weile um Gerrit, weil sie ihn so kurz vorher noch mal gesehen hat.

Angekommen. Freundlich begrüßt worden. Wir sitzen mit ihren Eltern, die wirklich unwahrscheinlich nett sind, am Tisch, trinken Bier und rauchen. Es ist eine tolle Atmosphäre und ich fühle mich sehr wohl hier. Ich denke kaum daran, was eigentlich mit meinem Leben ist und das ich ein Wochenende am Meer, bei netten Leuten überhaupt nicht verdient habe.

Wir essen eine Kleinigkeit und schwingen uns irgendwann müde und kaputt von der Zugfahrt ins Bett. Herrlich den Körper auszustrecken und die Augen zuzumachen, als hätte man das alles seit Jahren nicht mehr getan. Es ist ein anderes Gefühl von Zufriedenheit, ein sehr schönes. Denn ich habe nicht gedacht, dass mir alles hier so gut gefällt.

Wir erkunden die Gegend. Sehen uns die reine Welt an, in dem Dörfchen in Ostfriesland. Wir gehen durch einige Straßen und sind dauerhaft perplex davon, dass ein Vorgarten schöner und sauberer ist, als der andere. Wir fühlen uns wohl, wünschen uns irgendwann auch so einen Vorgarten. In dem jeder Grashalm die gleiche Höhe des anderen hat. Irgendwie schon komisch, dass irgendwo in Deutschland ein so intaktes Leben herrscht.
Wir fragen uns, ob es hier Eltern gibt, die geschieden sind. Ob es zerrissene Familien sind. Isi und ich sind beide Scheidungskinder und wissen also wovon wir sprechen. Scheidungskinder haben es

vielleicht nicht schwerer und meist sind sie mit anderen Sachen gesegnet. Patchwork ist ja auch großartig, dennoch fehlt mir das Gefühl von einer wahren glücklichen Familie, mit sauberen Vorgärten und gepflasterten Auffahrten. Obwohl ich dennoch meine Familie liebe.
Und meine Kindheit habe ich auch in einer ziemlich schönen Erinnerung. Manchmal denke ich daran, wie wir abends alle zusammen am Tisch saßen und Karten gespielt haben. Oder wie ich, als mein Vater noch bei uns war, mit ihm und Mama auf dem Sofa lag und gekuschelt habe. Alles war so wunderbar. Es war eben eine sonderbare, dennoch sehr schöne Kindheit die ich verlebt habe. Mit meinen Schwestern und teilweise auch mit meinen Brüdern. Tja. Wie sich alles so ändert. Heutzutage werde ich nie wieder schöne Tage mit all meinen Geschwistern und meinen Eltern verbringen, denn ein WIR als Familie gibt es wohl kaum noch. Man tut so, doch die Wahrheit ist eine andere. Irgendwie traurig, aber leider sehr, sehr wahr.

Es wird mir müde, auf alles zu warten.

An diesem Wochenende in der Ferne sind mir wieder mal einige Sachen klargeworden, die ich vielleicht schon wusste, aber bei denen ich die Hoffnung noch nicht verloren hatte. Jetzt allerdings bin ich überzeugt davon, dass es egal ist wie weit du von zu Hause weg bist. Du erinnerst dich an alles und nichts wird besser, nur weil man 400 km entfernt vom Alltag ist. Ich hatte immer das Gefühl, dass mein Leben besser wird, wenn ich von hier weggehe, in eine andere Stadt, in ein anderes Land. Doch so wird es niemals sein. So wie ich hier todesdepressiv bin, werde ich es auch dort sein. Überall werde ich mich fragen, ob mein Leben in irgendeiner Art und Weise einen Sinn hat, denn ich werde es nirgendwo schaffen, mir eine wirkliche Zukunft aufzubauen. Es ist so eine gottverdammt traurige Einsicht, dass ich heulen könnte. Das heißt also, ich werde niemals besonders glücklich sein, egal wohin mich der Wind treibt. Das Warten hat also ein Ende, denn es wird, egal wie lange ich warte, nichts passieren. Weinen möchte ich. Schreien. Die Wand in meinem Zimmer mit den Fotos zum einstürzen bringen. Hat doch alles keinen Sinn. Bleibt alles so, wie es ist. Zum Kotzen ist das.

Zieh dich dick an, die Menschen strahlen eine Eiseskälte aus.

Heute ist es soweit. Ja genau. Ich habe darüber noch nicht geschrieben, denn ich habe so eine fatale Angst, dass ich kaum Luft bekomme. Es war aber klar, dass der Tag mich schneller einholt als ich vermutet habe. Merkwürdigerweise sind alle besonders gelassen um mich herum. Lisi, die ihren Tag beginnt wie immer. Meine Mama, die schon früh da war und nun dasitzt und gelegentlich an ihrem Kaffee nippt. Alles um mich herum ist so normal wie das Amen in der Kirche, dennoch fühle ich mich kein Stück normal. Ich fühle mich, als würde ich vor Gericht müssen und mich für etwas schuldig bekennen, das ich nicht getan habe. Dabei ist es doch lediglich ein Termin bei einer Neurologin.
Was soll das heißen? Lediglich? Es ist ein so großer Schritt für mich und für die anderen. Für die gesamte Menschheit ist es eine Lachpille, so würde es wohl mein Vater sagen. Ich stehe mit zitternden Knien da und wünschte die Uhr bliebe stehen. Lisi und Mama unterhalten sich, stinknormal. Kann das sein? Kann es sein, dass niemand wirklich irgendwas fühlt. Das für alle Menschen wichtige Dinge total unwichtig sind. Das sie niemals einen Gedanken daran verschwenden, wie es den Menschen geht, die einen großen Schritt in ihrem Leben gehen müssen. Wohl den größten Schritt seit ihrer Geburt.
Auch mein wohl größter Schritt. Tabletten nehmen, damit ich wieder klarkomme. Damit ich werde wie die anderen.
Lotte hat mir den Termin gemacht. Ich bin ihr dafür auch sehr dankbar, selbst hätte ich wohl nie zum Hörer gegriffen und angerufen. Aber verdammt, ich will einfach keine Tablette nehmen. Damit ich so werde wie alle. Ist es nicht furchtbar ungerecht?

Doch wenn ich so etwas sage, dann höre ich nur Sachen wie: »Alle Menschen sind anders Lola, und du bist eben krank. Das ist doch einfach nur eine Krankheit, nichts Schlimmes. Du weißt gar nicht, wie viele Menschen Antidepressiva nehmen, das merkst du doch niemandem an und dir merkt es auch keiner an«, sagt Mama dann immer.

Ich bewundere die Menschen, die permanent nette und gute Ratschläge geben können und keinen Schimmer davon haben, wie es wirklich ist. Wenn man nicht in der Situation ist und auch niemals in einer solchen war, dann sollte man vielleicht einfach mal versuchen nichts zu sagen, das wäre hilfreicher.

Das Wartezimmer ist öde gemacht. An allen Wänden stehen Stühle, nur eine Wand wurde teilweise ausgelassen, wegen Garderobe, Kaffeemaschine und Spielecke. In der Mitte des Raumes steht ein hässlicher Marmortisch, auf ihm liegt eine Mappe.

„Infos für Patienten", Na prima, denke ich. Infos für Patienten. Ich habe mit Sicherheit keine Ruhe, um mir irgendwas durchzulesen.

Meine Beine wackeln wie verrückt und ich spüre mal wieder sehr genau, wie sich die Seifenblase immer enger an meinen Körper presst. Atemnot. Ich bräuchte wahrscheinlich mal ein wenig frische Luft, einen Moment, in dem mich niemand anstarrt und sich fragt weswegen ich wohl hier bin. Ein so junges Mädchen hat schon was mit den Nerven? So steht es über ihren Köpfen geschrieben, über den Köpfen der Mittelalten und Ganzalten. Nur die Kinder, die ruhig dasitzen, stellen sich nicht solche Fragen. Sie denken sicher eher darüber nach, wann sie nach Hause können um endlich weiter mit ihrer Legowelt, die sie sich mühsam aufgebaut haben, zu spielen. Mal wieder ein Zeichen dafür, dass Kinder etwas besonderes sind. Ich finde es nicht schlimm, wenn sie mich ansehen. Ich lächele dann eher nett, damit sie wissen, die Menschen sind nett. Ich bin nett, auch wenn das nur bedingt stimmt.

»Lola Steiner«, höre ich eine Stimme sagen und zucke zusammen. Jetzt ist es wirklich soweit. Ich kann nicht mehr zurück, nie mehr. Ich bin da angekommen, wo ich niemals hinwollte. In der dunkelsten Ecke des Lebens.
Ich werde darüber aufgeklärt, dass diese Tabletten nicht süchtig machen, dass ich sie nur sechs bis acht Monate nehme und danach wohl angeblich vollkommen geheilt bin. Die Ärztin führt komische Tests mit mir durch. Testet meine Reflexe, mein Sprechverhalten. Sie fragt blöde Sachen, auf die ich nur ungern antworte und teilweise auch gar keine Antwort parat habe. Ich werde zu einer Untersuchung geschickt und mein Kopf wird an Elektroden angeschlossen. Meine Gehirnströme werden gemessen. Währenddessen muss ich die Augen dauerhaft geschlossen halten und darf sie nur einmal dabei öffnen. Das ist auch wieder so ein Test, ob mein Gehirn wohl funktionstüchtig ist, oder was weiß ich.
»Alles prima«, sagt die Ärztin. Ich bekomme ein Rezept und habe einen neuen Termin in vier Wochen.
Im Auto erzähle ich Mama davon und es ist komisch. Stolz erfüllt mich. Meine Mama freut sich auch sehr, fragt wie es war und wir unterhalten uns die ganze Fahrt darüber, dass es mir dann bald bestimmt viel, viel besser geht.

Zu Hause angekommen, macht sich Erleichterung breit. Ich habe diesen blöden Termin überstanden. Vielleicht wird jetzt alles gut?

Wie eh und je sitze ich auch an diesem Wochentag auf dem großartigen roten Klappstuhl in der Küche vor dem Dachfenster. Heute ist ein besonders sonniger Tag und der Himmel wirkt sehr, sehr einladend. Dort oben muss es jetzt noch schöner sein als sowieso schon. Ich würde so gerne meinen schweren Körper nehmen und zum Fenster hinaus springen und hinauf fliegen. Mich dort oben auf eine kleine gemütliche Wolke legen, oder eben auch am Himmelstor klopfen. Doch das wird mir nicht gelingen, denn in diesem Moment geht die Tür auf und Lisi kommt herein.

Zieh deine Maske ab, sie bröckelt eh,
und das sieht scheiße aus.

So wirklich offen bin ich mit meinen Problemen nie umgegangen. Anfang des Jahres wurde ich dazu gezwungen mit Cleo und Isi darüber zu sprechen und irgendwann habe ich es dann auch Hannah gesagt. Hannah ist ein so verständnisvoller Mensch, dass es mich fast gewundert hat. Eigentlich hatte ich ihre Reaktion von Isabelle erwartet. Ich meine, Isi's Reaktion war auf jeden Fall auch sehr, sehr nett und so anders, als ich es je gedacht hatte. Ich habe nämlich immer geglaubt, dass meine Freunde nichts mehr von mir wissen wollen, sobald sie erfahren, dass ich depressiv bin und auch schon mal versucht habe, mir das Leben zu nehmen, indem ich mir mit einer Glasscherbe die Pulsadern aufschneiden wollte. Eine kleine Narbe ist bis zum heutigen Tage noch zu sehen. Ehrlich gesagt, ich habe meinen Freundinnen nie etwas von diesem Versuch gesagt. Es reicht jawohl, dass sie wissen, dass ich psychisch fertig bin mit der Welt.

Obwohl ich sagen muss, dass sie eigentlich überhaupt nichts wissen. Sie kennen sich scheinbar alle ein wenig mit Depressionen aus, doch eigentlich können sie nicht ein Gefühl, dass ich fühle, nachfühlen. Einerseits finde ich das schade, denn so wird mich niemals wer verstehen, doch andererseits bin ich Gott so dankbar, dass nicht noch jemand in meinem Freundeskreis depressiv ist, sodass mich das dann auch noch runterziehen würde.
Meine Fassade begann zu bröckeln, also musste ich die Wahrheit über mich sagen. Meine Fassade beginnt immer und immer wieder zu bröckeln, deswegen werde ich anfangen müssen, ganz ehr-

lich damit umzugehen. Bei allen Menschen, die mir etwas näher sind. Wenn ich es nicht tue, wird mich andauernd dieser Faden festhalten, zurück ziehen.

Ist es nicht wahrlich sensationell,
das öde Leben zu genießen?

Der Tag nachdem ich Abends zum ersten mal eine Tablette genommen habe, ist komisch.

Ich bin noch viel müder als ich es allgemein schon immer war. Der Abend gestern war unglaublich kurz.

Ohne Witz. Ich nahm um sieben die Tablette und schlief um halb acht tief und fest auf dem Sofa.

Lisi hat mich kaum noch wach bekommen. Ich schlummerte im sitzen vor mich hin. Irgendwann kurz vor Mitternacht hat sie mich dann so stark gerüttelt und mich angeschrien, dass ich wach wurde. Ich maulte sie an, ging in mein Zimmer, knallte die Tür zu und legte mich in voller Montur in mein Bett und schlief seelenruhig weiter. Ich wachte deswegen aber nicht früher auf, nein, ich schlief durch bis zum nächsten Mittag. Solange bis Lisi es endlich geschafft hat mich wach zu bekommen. Das ist ja so oder so nicht besonders leicht bei mir, aber auf Antidepressiva mit Schlafmittelchen drinnen, wird's noch viel schwieriger.

Nun bin ich wach und irgendwie geht's mir teilweise gut. Ganz, ganz merkwürdig.

Mir geht es gut? Kann das sein? Nach einer Pille, die ich geschluckt habe... ich weiß nicht. Ich rufe Isi an und teile ihr mit, dass ich meine erste Tablette genommen habe und wie gut ich deswegen geschlafen habe. Sie lacht, als ich ihr mitteile, dass ich um halb acht schon geschlafen habe. Einerseits glaube ich, dass sie sich darüber freut, dass ich den Schritt gegangen bin und mir helfen lasse, andererseits glaube ich, dass sie sich nicht vorstellen kann, dass ich es ohne Gesprächstherapie schaffen kann. Doch davon

bin ich überzeugt.
Ich werde mich selbst therapieren. Denn nur so werde ich es schaffen, ein Stück zu leben. Würde ich mir helfen lassen, wäre das womöglich nicht das Gleiche. Es wäre zu viel Klischee und zu wenig ich. Deswegen möchte ich es alleine schaffen, vielleicht mit Tabletten, doch auf keinen Fall werde ich mich irgendwo hin setzen und von meinen Ängsten und Problemen berichten. Auf überhaupt keinen Fall! Ende, aus, vorbei.

Ein paar Tage nehme ich diese scheiß Tabletten und irgendwie ist alles so merkwürdig. Besser, ja. Aber ich habe trotzdem mit starken Nebenwirkungen zu kämpfen. Hmpf. Da muss ich jetzt wohl erst mal mit leben. Nebenwirkungen sind ja hoffentlich auch nicht von allzu langer Dauer. Ich wünsche es mir jedenfalls. Allerdings habe ich kaum noch Herzstechen und Herzrasen. Ich bin ja nie wirklich davon ausgegangen, dass das Seelenleben sich so sehr auf das physische Wohlbefinden projiziert, aber scheinbar ist das in der Tat wirklich so. Unglaublich, aber dennoch sehr, sehr wahr. Es ist auch sehr vorteilhaft, dass diese Schwindelgefühle nicht mehr so extrem und oft sind. Es geht. Alles in allem sind die Pillen wirkungsvoll und ich vermute, ich werde sie wirklich acht Monate nehmen und hoffen, dass ich danach ganz normal bin und ein Leben führe, wie jeder zweite Mensch.

Süße Träume.
Süßes Mädchen.
Süße und saure Welt.

Ich fühle mich so wunderbar. Jippie.
»Bestell mir noch einen Wodka mit«, sage ich zu Isi und hüpfe währenddessen immer von dem einen Bein auf das andere. Ich bin so betrunken und glaube, dass das mein Leben ist. Saufen, yeah. Was würde ich ohne dieses Zeug machen? Wäre mein Leben dasselbe? Wahrscheinlich eher weniger. Ich hätte nicht mal annährend so viel Spaß wie ich es im Augenblick habe. Ich wäre nicht ab und an mal offen und lustig und ich könnte mich niemals mit vollkommen fremde Menschen unterhalten.
Danke Bier. Danke Schnaps.
Normal ist das zwar nicht, doch gerade ist mir diese Einsicht scheißegal. Ich will Genuss und gerade genieße ich das schummrige Licht, die Gesichter, die ab und zu mal von einem Scheinwerfer gestreift werden. Ich genieße die Aussicht darauf, heute Abend geküsst zu werden. Auch wenn es nicht Jonas oder der fremde Unbekannte ist. Es ist eine Aussicht, die mir den Gang nach Hause deutlich verwehrt.
Ich mag nicht gehen, denn ich will endlich geliebt werden. Auch wenn es nur wenige Minuten sind. Wenn es auch keine wirkliche Liebe ist, sondern eben einfach nur die Begierde. Einen fremden Köper berühren. Schöne Lippen küssen. Ich warte darauf, dass es noch heute Nacht passiert. So wie ich schon viele andere Nächte darauf gewartet habe. Viel zu viele Nächte, vergeblich.
Und niemals war es Jonas, der mir einen Kuss auf meine Lippen gedrückt hat. Nie war er es, der mich einen Moment glücklich

gemacht hat. Er war immer nur derjenige, der Schuld daran war, wenn ich am nächsten Tag mit leerem Blick vor dem Dachfenster saß und kurz davor war, zu weinen, weil ich dachte, er sei es wert. Inzwischen weiß ich, dass dem nicht so ist. Und ich wünsche mir eigentlich nur noch, ihn einmal zu küssen.
Richtig zu küssen. So, als würde es von beiden Seiten kommen und wäre nicht einseitig. So, als würde er mich schön finden. So, als würde er mich doch ein wenig mögen.

Natürlich träume ich wieder nur, so wie ein kleines Mädchen. Jedes Mädchen träumt ja irgendwann von dem ersten Kuss. Dem ersten Sex. Dem ersten Jungen, der ihr Herz in beiden Händen hält und der es vermutlich am falschen Ort und zur falschen Zeit an sich drückt. Dann, wenn man weiß, dass es zu spät ist. Wie oft war das in meinem Leben eigentlich schon? Zwanzig- oder dreißigtausend mal? Egal. Gerade zählt dieser Augenblick. Vielleicht ist er sehr kostbar. Vielleicht ist er auch das komplette Gegenteil. Fad und jederzeit wiederholbar. Ist mir das gerade wichtig? Stell ich mir die Frage wirklich, oder sind das irgendwelche wirren Gedankengänge, die Sinnloserweise in einer Samstagnacht zum Vorschein kommen und mich vom Tanzen abhalten? Ich schiebe sie alle beiseite. Alle, die ganzen irrelevanten Gedanken, die gerade herzlich wenig in meinem Kopf zu suchen haben, die weder willkommen sind, noch gerne gedacht werden. Adios Gedanken. Adios, ihr blöden Gedanken. Lasst mich feiern. Einfach feiern. Die Welt sieht Morgen nämlich nicht mehr bunt und lustig aus, sondern grau und trüb. Sie ist versteinert und viel zu viel Angst wird wie eh und je Besitz von meinem Körper ergreifen.

Tatsächlich wurde ich geküsst.
Es war eine so unglaubliche Nacht. Sie war still und von unbegrenzter Schönheit. In Worten kann man es kaum ausdrücken.

Nicht Jonas war der Mann der mich küsste, Gott sei dank. Es war schlicht und einfach der Fremde.
Der Fremde, dessen Namen ich selbst jetzt noch nicht weiß. Das einzige was ich nun weiß, ist, dass unser erster Kuss damals auf dieser doofen Party, ein ganz anderer war, als die Küsse von letzter Nacht.
Es war verwegen und irgendwie war er besonders. Ich wollte nach Hause, sagte ihm auf Wiedersehen. Er kam mir nach, zog mich an der Hand hinter sich her. Er sagte nichts und auch ich bekam kaum ein Wort heraus. Außer zu fragen, wohin er will, aber auch darauf bekam ich keine Antwort. Irgendwann blieb er stehen, auf einer ganz normalen Nebenstraße. Sein Körper sank auf den Asphalt und meiner tat es seinem gleich. Wir lagen also da. Er beugte sich über mich, küsste mich.
Sanft und leidenschaftlich. Wild und voller Hemmungen. Er hielt einen Moment meine Hand, küsste jeden einzelnen meiner Finger. Er strich mir zärtlich über die Wange, blickte mit seinen grünen Augen in meine und gab mir einen der schönsten Küsse, nämlich den ersten Kuss auf meine unberührte Stirn. Irgendwann lagen wir einfach nur noch nebeneinander und schwiegen. Es war ein herrliches Schweigen und es stellte sich mir die Frage, wieso ich nicht mit allen Menschen so unkompliziert schweigen kann. Irgendwas verbindet ihn und mich. Vielleicht ist er ebenfalls so ein kranker Mensch wie ich. Obwohl nein, das ist er nicht. Ich würde es an bestimmten Merkmalen erkennen. Ich würde Angst in sei-

nem Gesicht sehen. Seine Hände wären nicht so zart und makellos, seine Nägel wären abgeknabbert oder die dünne Haut an den Fingerkuppen wäre abgekratzt. Sein Gesicht würde weniger vor Zufriedenheit strahlen. Ich würde es merken, sehr, sehr deutlich. Irgendwann fielen Tropfen vom Himmel auf uns herab. Wir beide fingen an zu lachen, denn es musste so seltsam ausgesehen haben, wie wir beide irgendwo lagen und vom Regen begossen wurden. Letztendlich wurde der Himmel immer saurer und schließlich waren wir klitschnass. Das Lachen verging uns dennoch nicht. Welch ein schönes Geräusch sein Lachen in meinen Ohren war. Eines der schönsten Geräusche denen meine Gehörgänge je lauschen durften.

Herzhaft, männlich und ein wenig Mädchenlachen. Alles war so witzlos und dennoch fanden wir es unfassbar lustig. Er stand auf, zog mich an meiner Hand hoch. Wir standen uns gegenüber, er ist deutlich größer als ich. Seine Hand streifte meine roten Haare, die nun nass und klebrig waren.

»Du bist wunderschön, Mademoiselle«, ein Satz aus seinem Mund, der mich zu Tränen rührte. Niemals habe ich einen solchen Moment erlebt. Ich war glücklich. Glücklicher hätte ich nicht sein können. Ein Kompliment, aus dem Mund eines Traummannes. Ich würde jede kleinste Wette eingehen und sagen, er ist der Mann der jede Frau an Schönheit bereichern würde.

Er ist ein Teil in dem Puzzle meines Lebens. Er ist ein Stück Welt. Ein winziges Stück Liebe. Er ist ein Mann, der Frauen auf Händen tragen würde.

Könnte es sein, dass er sogar mich auf Händen tragen würde?

Seine eigentlich so wuscheligen Haare waren nun nass uns platt.

Und trotzdem sah er besser aus denn je. Hilfe, ich dachte es wäre nur ein Traum, doch an seinen Berührungen merkte ich, dass es real war. Durch meinen Körper zogen sich viele schöne Gefühle, die ich in der Form noch nicht kannte. Gefühle, die, auch wenn ich sie nur dieses eine Mal fühle, endlos sind. Unvergessen bleiben. Ewig.
»Ich muss nach Hause. Und du solltest auch gehen. Sonst erkältest du dich«, sagte er, männlich und ehrlich besorgt.
Ich hauchte ein flüchtiges »ja« und ging.
In eine komplett andere Richtung.

Jeder Mensch möchte doch irgendetwas Gutes tun, oder?

Ich bin unwillkürlich hin und weg. Nicht wegen der Nacht mit ihm, sondern, weil ich bin wie immer. Einige Tage habe ich meine Tabletten jetzt nicht genommen und ich fühle mich ekelhaft. Mir ist kotzübel, schwindelig und mein Herz übertrumpft alles vor Schmerz. Es sticht und rast und sticht und rast. Der Takt bleibt unverändert und am liebsten würde ich mir das Ding rausreißen. Auch wenn es der wichtigste Muskel in eines jeden Körpers ist, er soll aufhören, weh zu tun. Das alles soll aufhören. Dieses verdammte Leben. Alles Schlechte soll ein Ende haben. Mein blödes Leben soll ein Ende haben.

Doch das geht nicht. Ich habe mir in den letzten Wochen etwas vorgenommen, was ich wahrscheinlich nicht schaffen werde, aber von dem ich mir wünsche, dass ich es packe. Mein Ziel lautet: Die Welt erst verlassen, wenn ich es darf. Was bedeutet, dass ich meinem Leben, auch wenn es sehr verkackt und eigentlich ziemlich ausweglos erscheint, einen klitzekleinen Sinn geben muss. Ich darf erst gehen, wenn ich etwas erreicht habe. Damit meine ich, wenn ich geschafft habe, der Menschheit zu zeigen, wie falsch alles läuft. Ja, ein Schmunzeln huscht über alle Gesichter, die diese Zeilen lesen, doch wie viele Menschen würden gerne etwas Gutes tun? Wie viele Menschen sind bereit, die Welt zu verändern? Ganz genau, niemand.

Und da ich ohnehin die größte Lachnummer weit und breit bin, kann ich verstehen, wegen diesem Satz ausgelacht zu werden. Ich möchte versuchen der Welt zu zeigen was passiert, wenn alles so weiterläuft. Vielleicht schaffe ich es. Vielleicht nicht?

Mein Blick schweift gen Himmel. Er ist grau und dunkel. Der Sommer sollte doch eigentlich da sein. Alle Menschen sollten glücklich sein, vielleicht auch ich? Alles sollte glänzen und strahlen. Doch heute ist nicht so ein Tag. Heute ist der Tag an dem ich durchgehend heulen könnte. Aber das geht nicht. Ich halte all meine Tränen und meine Wut zurück. Hoffe, dass keiner merkt wie es mir geht. Doch es ist zu spät. Lisi und Lotte haben es längst bemerkt. »Du hast deine Tabletten nicht genommen, oder Lola?«, ich nicke. Schäme mich. Frage mich, wieso ich die doofen Tabletten weggelassen habe.

Aber eigentlich liegt die Antwort auf der Hand, für mich ist sie zumindest klar wie Kloßbrühe.

Weil ich mit der Ungerechtigkeit nicht umgehen kann und will. So einsichtig bin ich nicht. So einsichtig werde ich nie sein.

»Aber warum nimmst du sie denn nicht?«, fragt Lotte und ich sage ihr klar und deutlich wieso.

»Lola, dass ist doch nichts schlimmes. Du nimmst doch nur eine Tablette am Tag, damit es dir gut geht«, sagt sie.

Und damit ich so bin wie ihr, setze ich stumm hinzu. Selbst wenn ich es sagen würde, würden sie es nicht verstehen. Leider. Aber es macht mich nicht mehr traurig, dass sie mich nicht verstehen. Es macht mich nur noch wütend, dass Gott uns alle so verschieden gemacht hat, wo wir von der Norm her doch alle gleich sein sollen. Niemand darf ungestraft aus der Reihe tanzen. Schreiereien und Geheule führen dazu, dass ich vor den Augen der beiden meine Tablette nehme und danach mit ihnen zusammen, wie die ganzen letzten Wochen, in denen ich fleißig meine Hilfsmittel geschluckt habe, Canasta und Rommee spiele.

Mein Herz umschließt dich.
Es umhüllt dich voller Liebe.
Lässt dich nicht mehr los.

Diese Menschen, die hier mit Isi und mir sitzen, sind irgendwie so besonders. Die Frauen sehen klasse aus. Die Männer auch, und sie sind zudem auch noch ganz besonders intelligent. Zumindest kommt es mir so vor.

Ich unterhalte mich gerade mit Olli. Er ist Musiker, sagt er. Nebenbei verdient er allerdings noch Geld bei einer Werbeagentur wo er für die ‚coolen' Layouts und die noch besseren Slogans verantwortlich ist. Seine Band macht Rock und Indie. Musik, die ich mag, denke ich. Aber ich sage es ihm nicht. Ich lalle ihm sporadisches Interesse vor und merke, dass er so intelligent gar nicht sein kann, wenn er mir das abkauft.
Idiot. Vollidiot.

Zum Glück kann niemand meine Gedanken lesen. Denn da läuft gerade ein Band entlang, von Fragen, die sich mir auftun. Warum gibt es Menschen, die so vieles hinbekommen? Mein ältester Bruder Matthis, er hat alles geschafft. Einen perfekten Job, verdient gut und lebt sein Leben einfach, wie er es will. Ich bewundere auch die vielen Menschen, die aus ihrem Leben nicht das machen, dass sie sich schon als Kind erträumt haben. Ich bin da so anders. Ich wollte schon immer reich und berühmt sein. Ich wollte schon immer der ganzen Welt beweisen, wer ich bin. Ich möchte, dass jeder weiß, dass ich ein jemand bin. Das es wirklich jeder weiß. Doch soweit wird es nie kommen.

Gerade kommt mir in den Sinn, dass ich meine Pflicht nicht erfüllen werde und gehen darf, wann ich will.
Mir einfach die Pulsadern aufschlitzen. Mich mit Tabletten einschläfern oder irgendwie anders.
Ich kann hier nicht mehr leben. Denn alles ist so anders, als ich es mir vorstelle. Zu gesellschaftlich. Alles ist so wichtig und nichts von den wichtigen Dingen kann ich vorweisen. Und ich bin nicht mal dabei irgendetwas von diesen wichtigen Sachen die das Leben und die Menschen ausmachen, zu schaffen. Ich starte ja nicht mal einen Versuch. Okay, ich versuche seit zig Jahren ein Buch zu schreiben, dass allerdings immer nur mehr den schlechten Seifenopern ähnelt, als irgendwie gut zu sein. Deswegen Adieu geliebter Traum von Ruhm. Adieu Leben. Ich sterbe. Nicht sofort, aber bald.

Er kam nicht mehr zu dieser Party, bei der alle sich gegenseitig irgendwas bewiesen. Nur ich nicht.
Ich hasse diese Sitzpartys bei denen zu viel geredet wird. Irgendwie wird mir dann immer schlecht. Isi hatte was vorzuweisen und ich nicht. Deswegen bin ich auch stets gegangen wenn irgendein Thema angesprochen wurde, bei dem wohl ich die nächste in der Runde war, die gefragt worden wäre.
Uhh, da bekomme ich Angst.

Er kam nicht. Es war irgendwie schade, aber auch besser so. Ich habe ehrlich keine Lust, mich wieder in irgendwas reinzusteigern, was niemals wird. Ist doch genau das Gleiche wie mit Jonas. Wahrscheinlich bin ich über ihn hinweg, wahrscheinlich... Allerdings wird es bei dem Fremden nicht soweit kommen, denn ich rede ja nicht drüber und das ist gut so. Mein Herz allerdings dachte stets an ihn. Doch ich sagte nichts. Isi weiß noch immer nichts von ihm und das ist gut so. Sie soll nie etwas wissen, denn das alles ist ein Fass ohne Boden, eben nichts. Fast so wie ich. Ich atme auch nur und ansonsten mache ich nichts. Diese Verbindung zwischen ihm und mir besteht so ähnlich. Sie atmet durch unsere unwesentlichen Küsse, sie sind so banal, wie ich für diese Welt. Wie jeder kleine Bürger auf dem Planeten Erde. Also unwichtig.

Ich habe sein Bild direkt vor Augen. Seine Lippen, die rot waren wie eine Erdbeere. Sie waren verführerisch und sahen so aus, als würden sie auf nichts anderes warten, als darauf, von meinen berührt zu werden. Seine Augen, dieses tiefe Grün, sie sind für mich wie der Himmel. Wenn ich hinein blicke, beginnt mein Innerstes zu fliegen. Ich schwebe auf den Wolken und fühle mich ein kleines bisschen frei, und das nur, wenn ich in seine Augen sehe. Komisch, was? Seine Nase, nicht zu klein für einen Mann und nicht so groß, dass es doof aussieht. Einfach perfekt, jedenfalls mit meinem Sehsinn.
Er. Ich. Wir. Ein Herz darum. Zufriedenheit.

Die Liebe eines anderen Menschen zu akzeptieren, ist meist ebenso schwer, wie den Tod zu verstehen.

Meine Familie ist gut zu mir, ich weiß. Sie will nur das Beste für mich, schon immer. Doch trotz all diesem Wissen, fühle ich es anders. Manchmal bedeutet Wissen so wenig. So unglaublich wenig, dass es beinahe weh tut. Es ist so ärgerlich, dass man vieles nicht sehen kann, man muss es sich vorstellen oder sich hinein denken. Ich liebe Mara und Leo auch über alles und vielleicht stellen sie sich dennoch eines Tages die Frage, ob meine Liebe zu ihnen ehrlich ist. Das würde mich verletzen, denn sie sollten meine Liebe spüren, schmecken. Sie sollten sie in Bildern sehen. In meinem Gesicht, wenn ich sie anlächele.
Ich wünschte, ich könnte so was heutzutage noch in dem Gesicht meiner Mama sehen.
In den Augen meiner Geschwister.
Ich wünschte, ich könnte schmecken, dass sie mich lieben. Ich wünschte, es gebe ein Zeichen, dass mir sagt, deine Familie liebt dich. Doch nichts von dem gibt es. Nichts von dem wird es jemals geben. Niemals werde ich schwarz auf weiß sehen, dass mich jemand liebt, oder gar mag. Und das ist eine Einsicht, die mir den Tod noch viel näher bringt. Ich frage mich manchmal wirklich, ob jemand um mich weinen würde oder ob sie erleichtert sein werden. Sie, meine Familie und meine Freunde, die sich mit Sicherheit darüber ärgern, dass ich so bin wie ich bin. Anstrengend, schwierig und unverständlich. Die nicht wissen, was ich denke und fühle. Die niemals verstehen, was ich sage, weil sie alles anders sagen würden. Die Liebe der anderen Menschen sollte ein Bild sein, das lacht wenn man es sich anschaut. Es sollte voll mit leuchtend schönen

Farben sein. Glänzen.
Gold. Blau. Grün. Orange. Rot.
Alle Farben, nur kein Schwarz. Und auch kein Weiß. Denn Weiß ist so unschuldig, dass es für Lügen oft missbraucht wird.
Liebe sollte ein Stück Stoff sein. Weich wie eine Feder. Biegsam. Man könnte den Stoff ausbreiten, damit man weiß, wie groß die Liebe ist. Und man könnte ihn zusammenlegen und in die Tasche packen, dass man, egal wo man ist, weiß, da ist jemand, der einen liebt.
Und es ertönt aus dem Hintergrund Musik, Gary Jules – Mad World. Danke für diesen Hinweis, Gary.

Augenblicklich bin ich Lola.

Es ist der Geburtstag meiner Mama. Ich bin ein wenig enttäuscht, dass sie sich kaum über unser Geschenk freut. Jedenfalls nicht so, wie sie sich früher über meine schnell bei der Tankstelle gekauften Stofftierchen freute. Dabei war dieses Geschenk, Musicalkarten samt Zugfahrt, sehr teuer gewesen.
Na ja. Mit den Jahren verändern sich selbst noch Mütter. Heute allerdings werde ich nicht über dieses dehnbare Gummiband zwischen Mutter und Tochter nachdenken, denn ich wünsche mir nur, dass dieser Nachmittag schön wird.
Alle sind da. Meine Schwestern, meine Brüder. Meine Nichten. Ein paar Bekannte und dennoch geht's mir gut. Ich habe die letzten zwei Wochen, abgesehen von ein, zwei Ausnahmen, meine Tabletten genommen und überstehe sehr gut diesen Geburtstag und das passiert so selten, wie Weihnachten in einem Jahr ist.

Eigentlich beginnt mein Körper ja schon während ich mir die Jacke zu Hause anziehe und noch einen Blick in den Spiegel werfe, verrückt zu spielen. Meine Gedanken sind dann meist Büsche und Sträucher in einem verwilderten Garten. Sie haben keine Struktur und flehen nur so nach Freiheit. Heute ist es anders. Ich habe weder Hitzewallungen noch Herzrasen. Scheinbar bringt das alles was. Und scheinbar kann ich sehr gut ohne Psychotherapie leben. Super! Ich freue mich. Und ich habe das Gefühl, dass man mir gerade ansieht, dass es mir gut geht. Ich spiele ausgelassen mit den Kleinen verstecken. Ich nehme sie hoch und drehe sie in der Luft herum. Wir lachen über kindliche Sachen und haben einen herrlichen Nachmittag. Fürs Abendbrot hat meine Mutter auch gesorgt und ich futtere ohne Problem zwei kleine Schnitzel und etliche Portionen Nudel- und Feldsalat. Danke Gott, für einen dieser Tage. Nett, schön. Lustig. Und das Gefühl von Familie. Denn das ist in den letzten Monaten selten geworden, weil ich nur ab und an mal wirklich am Familienleben teilnahm. Hmpf.

Zufriedenheit ist ein so kostbares Gut,
dass man in Geld wohl Millionen zahlen müsste,
um etwas davon abzubekommen.

Obwohl ich es nicht geahnt hatte, lande ich erneut auf der Wolke, die ich inzwischen Rosa genannt habe, und vergesse, dass mein Leben unten auf der Erde keinen Sinn hat.
Ich strecke meinen Körper und sehe mir meine kleinen Füße an. Meine Zehnägel habe ich rot lackiert und irgendwie finde ich, dass das albern aussieht. Vielleicht ist das alles nur sehr albern, ich mit nackten Füßen und lackierten Fußnägeln auf einer Wolke die ich Rosa getauft habe.
Ach was, ist doch eigentlich ziemlich egal. Wen interessiert es denn? Kein Mensch sieht mich hier oben, und niemand wird sich eine Meinung darüber bilden können, dass ich ein Idiot bin und hier oben bin ich es sehr, sehr gerne. Ich muss lachen, denn ich freue mich darüber, dass ich selbst einen Schlüpfer auf dem Kopf haben könnte und nirgendwo ein Blödmann oder eine doofe Kuh steht, die so was sagt wie: »Oh Gott, wie siehst du denn aus?« Umdrehend zu den Freunden: »Redet bloß nicht mit der, die ist ja voll komisch.«, Das freie Gefühl und nur der Gedanke daran, dass mir hier oben niemand was kann, lässt mich zufrieden sein. Ich setze mich auf. Beim Anblick von Flammen bekomme ich Panik. Ich habe nicht mal nach unten gesehen und werde von Qualm und Flammen erschlagen.
Als ich mich wie üblich über den Rand lehne um alles zu beobachten, fällt mir auf, dass ich nur dann auch die Stimmen und alle anderen Geräusche hören kann. Also wenn ich irgendwann wirklich mal die Schnauze voll habe, gehe ich nur weg vom Rand und alles

ist schön. He, das ist gut. Doch gerade ist da unten alles andere als gut. Vermutlich zieht Rosa gerade ihre Kreise über ein Kriegsgebiet, denn die Bilder die ich sehe, sind mehr als erschütternd. Gänsehaut breitet sich über meinen Körper aus.
In mir zieht sich alles zusammen, jeder Muskel und jeder Nerv. Meine Augen füllen sich mit Tränen und in meinem Herzen zieht ein starker Schmerz entlang und schnürt mir fast die Luft ab. Dieser Junge, der versucht aufzustehen und die ganze Zeit das Wort »Anne«, also Mama ruft, tut mir so leid. Er kann nicht aufstehen, denn seine Beine fehlen. Ich sehe nur Blut. Sein flehendes und trauriges Gesicht tut mir so in der Seele weh, dass ich mich frage, was für Menschen so erbärmlich sadistisch und raffsüchtig sein können um arme Menschenleben, Kinderleben so zu zerstören!? Ich fasse es nicht. So viel Unheil, wegen irgendwas. Gibt es diese Menschen wirklich unter uns. Sind sie so wie du und ich? Einfach Menschen? Eine Frau rennt über das Elend entlang. Ihre Töchter an den Händen und ein Baby in ein Tuch gewickelt vor ihre Brust geschnürt. Sie rennen und ich merke wie panisch sie sind, auch die kleinen Mädchen, mit ihren langen schwarzen gewellten Haaren. Die Frau ist so ängstlich und versucht alles um ihr Leben und das ihrer Kinder zu retten, verständlicherweise.
Doch wer sieht das? Wer weiß das denn? Wer spricht dieser Frau Mut zu und wer sagt ihr, wenn sie es geschafft hat, dass sie das Beste für ihre Familie getan hat und das sie eine unglaublich starke Frau ist, die es geschafft hat, den Krieg zu überstehen?
Niemand, denn der Rest ihrer Familie ist wahrscheinlich schon tot. Ihre Bekannten ebenfalls, oder sie sind geflüchtet und werden einander nie wieder sehen. Ein Präsident wird auch keine netten Worte über haben und sie für ihre Courage auszeichnen. Nie-

manden interessiert es. Aber dazu wird es auch nicht kommen, denn eine Bombe fliegt auf die kleine arme Familie und nichts ist mehr von ihnen übrig.
Sie hat es nicht geschafft. Sie haben es nicht geschafft.

Ich weine, ohne das ich es bemerkt habe.
Ich weine und frage mich, welche Schweine so brutal und fies sind und einfach Menschen umbringen ‚dürfen'? Warum werden sie dafür nicht bestraft? Menschen die eine Rechnung nicht zahlen, werden verhaftet, und andere, die Tausende gar Millionen Menschenleben auf dem Gewissen haben, müssen nicht dafür büßen. Schicken andere Menschen in den Krieg um sich selbst nicht die Hände schmutzig zu machen, nicht mit dem Gewissen leben müssen, sie alle umgebracht zu haben. Das ist doch ekelhaft. Und ungerecht. Wo ist denn da die Gerechtigkeit in der Welt.
Kein Wunder, dass alles so schief läuft und niemand zufrieden ist.
Ich lehne mich zurück, noch immer schluchzend, und versuche diese unfassbaren Bilder zu vergessen.

Wofür bloß Krieg,
wenn wir auch Frieden haben können?

Scheiß Sorgenfalten.

Gerade bin ich dabei, meine Schminke einigermaßen ordentlich ins Gesicht zu bekommen, ohne dabei besonders scheiße auszusehen. Ich habe schon ungefähr zehn Abschminktücher verbraucht und danach alles wieder neu versucht. Toll, nichts klappt.
Dabei wollte ich mich dieses mal besonders hübsch machen. Ich hatte gehofft, dass ich irgendwann mal schön aussehe. Aber wie soll ich mich auch fühlen?
Fünf Tage ohne Tabletten, weil wegen..., weiß auch nicht. Einfach weil ich einmal streiken wollte und den Mist nicht mehr in mich reinstopfen wollte.
Jetzt weiß ich wieder, warum ich es sonst getan habe, weil es mir dann wesentlich besser ging. Die Tabletten haben scheinbar auch meine Wut auf alles und jeden und besonders auf mich abgeschwächt, nun ist alles wie früher. Ich bin hässlich, fett. Alles sieht kacke aus. Ich will nicht unter Leute, ich will ins Bett, schlafen. Weinen. Traurigsein. Ich möchte alleine da liegen und mir die Decke über den Kopf ziehen, kein Lüftchen an mich ranlassen und schmerzhaft ersticken.
Brutal, aber doch irgendwie ein guter Plan. Dieser Abend wird eh nichts mehr. Doch versprochen ist nun mal versprochen und deswegen muss ich jetzt mit Isi zu diesem doofen Geburtstag, bei dem ich wie immer alle nicht mag und so schnell wie nur irgend möglich zurück nach Hause möchte. Ich sehe so kacke aus. Meine roten doofen Haare liegen wie abgefranste Bindfäden und meine Augen werden deutlich von dunklen Schatten und Ringen umrandet. Wer findet denn so eine schön? Ich jedenfalls nicht!

Es klingelt. Lola, nun zusammenreißen und aufhören rumzuflennen, wie ein Mädchen. Gedanken, seid doch einfach mal still. Haltet die Klappe und gönnt mir einen amüsanten Abend. Mehr möchte ich doch gar nicht, wirklich. Isi sieht fantastisch aus, aber was sag ich denn, sie sieht eben immer so aus. Wie immer rank und schlank, keines ihrer Kleidungsstücke sieht aus als wäre es um sie herum geschneidert worden und ihr Make-up plus Haare sehen sehr gut aus.
Ihre langen Haare hat sie unten gewellt und ihre Augen hat sie schön mit Schwarz- und Grautönen betont. Wäre ich nur so wie sie. Oder wie alle anderen wunderhübschen Wesen um mich herum. Ich bin dick und hässlich. Ich bin blöd und langweilig. Ich bin arm und unzufrieden. Ich bin der letzte Dreck. Ich bin Niemand.

Der Alkohol war beim Vortrinken nicht ausreichend und ich stapfe nun halbnüchtern mit Isi zu dem Geburtstag von Frederick, wenn ich mich recht entsinne. Toll, alles voller Menschen. Am besten so eine Sitzparty wie neulich. Dann breche ich denen da sofort hin und mache auf dem Absatz kehrt. Ich sehe es nicht ein, wieder wie ein verrücktes Huhn hin und her zu rennen, nur um nicht nach meinem Leben gefragt zu werden und mich noch schlechter und minderbemittelter zu fühlen, als ich es sowieso schon jeden Tag tue. Kein Job, kein guter Mensch, so ist es doch. Interessiert doch niemanden ob ich irre bin und deswegen nicht arbeiten gehe. Warum auch? Ich interessiere mich doch genauso wenig für meine Mitmenschen, warum sollten sie sich dann für mich interessieren.

Lukas hat mich gleich begrüßt und Pit ebenfalls. Das gibt mir ein ganz gutes Gefühl. Ich kenne zwei Leute, auch wenn es nur

oberflächliche Bekanntschaften sind. Besser als alleine zu sein. Denn Isi ist mal wieder weit weg. Sie driftet wie immer ab, zu den coolen Jungs, den hübschen Mädchen und na ja, eben allen, die ich komisch finde. Die ich nicht mag, die mich nicht mögen. Ich nehme mir ein Bier, gucke ob ich noch was härteres finde und stelle mich zurück zu den beiden.
Sekunden später tritt Jonas zu uns und ich erschrecke mich. Er sieht mir tief in die Augen und mein Körper verändert sich ruckartig. Weg hier, denke ich. Doch wie sieht das denn aus? Er hält seine Flasche hin und will mit mir anstoßen. Wie ätzend. Aber ich knalle meine Flasche vorsichtig an seine und über mein Gesicht zieht sich ein schnelles unscheinbares Grinsen, mehr nicht. Mehr hat er nicht verdient. Ich bin eine Schnepfe, ich weiß, aber..

Zarte Hände.
Weiche, wundervolle Lippen.
Zwei Menschen.
Du und ich.

Er ist gekommen, als ich gehen wollte. Er zog mich an der Tür raus, als er reingehen wollte, küsste mich auf den Mund. Ein purer Kuss. Irgendwie ohne Gefühl, so kam es mir vor.
Ich betrachtete ihn, während er seine Arme noch fest um meinen Kopf geschlossen hielt.
»Meine wunderschöne Mademoiselle. Mein Herbstmädchen. Komm doch noch mal mit rein.«, er bat mich und ich tat es auch. Er sagt, er würde mal ein paar Bekannte begrüßen und verschwand einen Moment. In der Zeit ging ich zu Isi und teilte ihr mit, dass ich doch noch einen Moment bleibe.
Indigo Girls mit Romeo und Juliette schallte aus den Lautsprechern und ein ganz kleines bisschen schmunzelte ich darüber. Wir waren natürlich in keiner Weise so wie Romeo und Julia, dennoch, es war eine Liebesgeschichte und so wie er mich gerade ansieht, als er auf mich zu kommt, denkt er das Gleiche wie ich. Er trägt heute ein schwarzes Hemd, es ist bis zu den Ellenbogen hochgekrempelt, so das man seine schönen Unterarme sehen kann. Sie sind wirklich hübsch. Aber vielleicht sehe ich das auch nur so, weil ich so fixiert auf Unterarme bin. Egal. Seine Beine sind in einer hellen Jeans verpackt, ich tippe auf Levis, sicher kann ich's aber nicht sagen, denn mit Marken kenne ich mich eher schlecht aus. Und um mal auf den Punkt zu bringen, was sein Outfit heute wirklich ganz besonders umwerfend macht, sind seine Schuhe. Das heißt, meine Schuhe. Ich liebe sie, diese Seglerschuhe. Auf

dem Dorf trägt sie nur nie jemand. Leider. Aber er, der scheinbar auch in diesem verkorksten öden Dorf lebt, trägt sie.
Glückwunsch Lola, du hast eine Bekanntschaft gefunden, die deine Schuhe trägt. Männer sehen in Seglerschuhen besonders gut aus. Frauenarzt und Manny Marc werden gespielt. Ich muss mit Isi tanzen und gehen, kurz bevor er mich erreicht hat. Mist. Tut mir leid, mein Schöner, aber geht nicht anders. Wir tanzen und lachen und ich bemerke seine Blicke, was mir etwas unangenehm ist. Ich sehe ebenfalls, dass Jonas noch da ist und habe das Bedürfnis ihm irgendwas zu beweisen. Ist natürlich Quatsch, aber wie vieles im Leben ist wohl Quatsch? Ein Drittel? Bestimmt. Als das Lied zu Ende ist, verschwinde ich aus der tanzenden Traube. Ich möchte auf die Toilette gehen, aber er hält mich auf.
»Wohin Mademoiselle?«, fragt er und lächelt.
»Nirgendwohin«, antworte ich und bleibe nun direkt neben ihm stehen.
»Lass uns mal ein Foto machen, Liebes«, er zieht eine Kamera aus der Hosentasche und legt seinen Arm um meine Schultern.
Diese Nähe.
Ich bin so verdammt nah an ihm dran, Himmel, ich schwebe.
»Sind die Fotos für Privatzwecke oder bist du so ein komischer Partyfotograf?«, frage ich und höre ihn darauf lachen.
»Weder noch, denke ich«, ich frage nicht weiter nach, sondern versuche eine gute Figur zu machen, oder besser gesagt ein gutes Gesicht. Er zeigt es mir danach nicht und das macht mich leicht sauer. Ich möchte wenigstens sehen wie blöd ich aussehe. Aber keine Chance, dieser Mann ist so stur.
»Jetzt werde ich aber wirklich gehen«, sage ich und versuche meine Jacke anzuziehen, die allerdings ein wenig durcheinander

ist. Er hilft mir.

»Machs gut, mein Mädchen«, er hält meine rechte Hand, während er das sagt. Er schaut mich an und gibt mir erneut einen leichten Kuss auf die Lippen, dieses mal allerdings mit ganz viel Gefühl. Danke, sage ich stumm zu ihm und drehe mich in Richtung Ausgang.

»Bis bald«, sage ich noch, bevor ich endgültig zur Tür raus bin.

Alle wollen ungewöhnlich sein, doch dadurch sind sie nur noch gewöhnlich.

Ich kenne so viele Leute, die glauben, wenn sie sich Piercen lassen, würden sie sich von dem Rest der Welt unterscheiden. Manche denken durch Kleidung wären sie individuell und einzigartig. Und irgendwie hat das alles dann so ein mit der Masse schwimmen - Feeling.
So kommt es mir jedenfalls vor. Letztendlich ist es einfach so, dass alle die ungewöhnlichsten Marken kaufen wollen, die ungewöhnlichste und lauteste Musik hören, weil sie glauben, dann weniger zu dem Großteil Idioten zu gehören. Doch wenn ich genau darüber nachdenken, fängt einer mit irgendwas an, ziehen alle nach, weil es ja so cool ungewöhnlich ist und zum Schluss fahren alle die gleiche beschissene Fährte und denken immer noch, sie wären anders.

Ich lache über diese Blödmänner und kleinen Mädchen. Sie unterhalten sich über Musik und wissen gar nicht, was Musik ist. Hauptsache anders. Kein Pop, keine Charts. Was anderes. Alternative und so was.
Hach, was es doch alles gibt auf der Welt. Wenn man sich über alles Gedanken macht, so wie ich, dann fragt man sich, in welchem Film man eigentlich im Moment steckt. Ist es eine Komödie, wo viele Leute verarscht werden, oder soll es ein ernstzunehmender Film sein, wo die Akteure alle als Witzfiguren rüberkommen. Wer hat diesen Film eigentlich gemacht, den Film Leben? Soll ich dem mal den Kopf waschen und fragen ob er noch alle Tassen im Schrank hat? Ist doch so wahnwitzig, dass man in irgendeiner Weise wirklich lachen muss. Herzhaft. Weil es doch so komisch

ist. Auch wenn es nicht lustig sein soll, es ist lustig.
Weil alle Leute sich so einzigartig fühlen, so besonders. Dadurch wirken sie einfach wie die größten Vollidioten.

Ein kleines Lebewesen öffnet die Augen, was sieht es?

Du wirst vom Licht erschlagen, von Gesichtern. Von Stimmen. Alles dreht sich um dich, komischerweise. Irgendwann wird das nicht mehr so sein, vielleicht wenn du fünf bist, vielleicht aber auch erst wenn du zwölf bist, in die Pubertät kommst, Pickel hast und an den Hüften mehr zunimmst, als an den Brüsten.

Komisch ist, dass die Babys noch nicht auf der Welt sind und ihre Familie aber alles schon durchgeplant hat. Selten heißt es noch, Hauptsache es ist gesund, nein, es heißt, hoffentlich studiert es an einer guten Uni, übernimmt mal meinen Part in der Firma, bekommt ein Kind, das danach alles erbt und so weiter. Keiner denkt daran, dass das Kind auch atmen muss. Leben will. Oder sollte. Es ist meistens vorbestimmt, wie ein Säugling als Erwachsener sein soll und das finde ich traurig.

Es ist ein Baby. Danach ein Kleinkind. Und dann wird es ein Kind. Es wächst und gedeiht. Erfahrungen und Erlebtes formen diesen kleinen Menschen. Als Säugling werden sie erschlagen, von all den vielen Eindrücken. Als Kleinkind übernimmt die Neugier ihren Verstand. Als Kind, wissen sie, worauf es im Leben ankommt. Meist ist es so, dass sie als kleines Mädchen schon Druck ausgesetzt sind und ich glaube fest daran, dass das nicht gut ist.
Es gab ein Mädchen, dass sich selbst von klein auf immer zu viel Druck machte.
Es kam daher, dass sie eine beste Freundin hatte, die größer war als sie, die dünner war. Niedlicher angezogen. Sie konnte schöner malen und besser rechnen. Sie wusste stets was man sagen soll-

te, das andere Mädchen nicht. Es war nicht so viel wert wie ihre beste Freundin. Alle umschwärmten sie, denn sie war so schön. Sie hatte wunderschöne lange Haare mit leichten Wellen. Sie hatte eine süße Stupsnase und blaue strahlende Augen.
Alles das, was das andere Mädchen nicht hatte.
Sie war oft traurig, weil sie nie so sein würde, wie ihre Freundin. Sie saß manchmal da und übte zu malen, wie die andere. Sie fragte sich, ob sie schöner wäre mit langen welligen Haaren. Sie dachte darüber nach, so sein zu wollen, wie sie es war. Keiner bemerkte, wie sehr es ihr weh tat, dass ihre beste Freundin immer von allen, auch von ihrer Familie in den Himmel gehoben wurde. Keiner wusste, dass sie insgeheim alle Vergleiche zwischen ihr und ihrer Freundin aufstellten und ihr damit das Herz brachen, weil sie in allen Sachen immer schlechter abschnitt. Auch, als sie älter wurden, blieb alles so. Ihre Freundin konnte besser singen und tanzen. Schrieb bessere Noten und wurde von allen Kindern in der Schule gemocht. Sie dagegen war unbeliebt, konnte weder tanzen noch singen und schrieb schlechte Noten.

Dieses Mädchen war ich...

Scheiß auf das Unabänderliche, Darling.

Himmelherrgott. Lisi und ich haben so viel Spaß. Wir sind zusammen einkaufen und lachen andauernd. Über irgendwas Verrücktes, was uns auffällt. Über Kleidung die seltsam ist und über Teile, die wir aus irgendwelchen Gründen anprobieren, aber niemals kaufen würden. Ich fühle mich so gut und ich glaube Lisi geht es genauso. Wir machen selten solche Ausflüge zusammen, dabei sind wir doch eigentlich wie Zwillinge. Wir haben dieselben Freunde, ähnliche Interessen und viele, viele gemeinsame Erinnerungen. Manchmal regen wir uns über blöde Dinge zusammen auf und merken, wie ähnlich wir uns doch sind.
Auch wenn sie anders aussieht als ich, schöner ist, insgeheim, von unserem Wesen, sind wir eine Person. Liebelei, wir sind Schwestern. Und wir haben uns lieb.

Als Kinder waren wir schon sehr unterschiedlich. Lisi spielte immer lieber mit Puppen und ich liebte Barbies über alles. Sie mag heute noch lieber Puppen und spielt so was mit unseren Nichten und ich warte darauf, dass meine Nichten anfangen endlich Barbies für sich zu entdecken. Heutzutage fällt mir auf, dass Barbies blödsinnig sind, denn sie entsprechen alle einem Ideal und ich habe etwas gegen Ideale.

Ich hasse sowas, pfui. Weg mit Idealen, fort mit der Norm. Ist doch absurd immer alles an irgendwas festzumachen. Etwas nicht zu tun, weil es nicht dem Ideal entspricht. Doch auch wenn ich diese Meinung innerlich habe, ich wünschte, ich wäre die Norm und nicht irgendein blöder Mensch, der so anders ist, weil er krank ist.

Wir essen Burger und trinken Cola. Rauchen danach, während wir weiterlaufen, eine Zigarette und freuen uns auf die Heimfahrt mit dem Zug. Wir kaufen uns am Bahnhof jeder ein neues Buch. Ich greife zu Jodi Picoult und Lisi zu Kerstin Gier. Lisi ist allerdings so veranlagt, dass sie prinzipiell niemals ein Jodi Picoult Buch lesen würde. Ich dagegen lese auch Kerstin Gier und Anette Göttlicher und diese Romane, die wenig Drama und mehr verspielte egozentrische Charaktere darstellen. Teilweise gut, aber auch manchmal so, dass ich diesen Frauen in den Büchern gerne mal ein paar Takte erzählen würde. Egal, sie mag eben diese Bücher und ich liebe nun mal die Bücher von meiner Lieblingsautorin Jodi Picoult. Punkt.
Im Zug hören wir Musik, hauptsächlich Broilers und so was. Wir reden kaum. Eigentlich gar nicht.
Jetzt ist der Tag vorbei. Der wunderschöne Tag Geschwisterdasein.

Auf Wiedersehen Mon Amour.

> Ein Tropfen Zuversicht.
> Ein Stückchen Optimismus.
> Eine Messerspitze Glück.
> Ein Häufchen Selbstvertrauen.
> Und eine Prise Zufriedenheit.
> Und alles ist schön.

Treib nicht zu weit ab.
Bleib da.

Fertig, Los! – Links, Rechts, Links läuft und ich singe leise mit, bewege quasi nur meine Lippen. Ich mag es. Also das Lied.
Isi steht bei Gerrit. Ich sehe, dass sie lacht und er ebenfalls. Sie haben Spaß, vielleicht sind sie glücklich. Glücklich zusammen? Mich würde es freuen. Mich würde allerdings auch freuen, wenn meine beste Freundin mich nicht immer im Stich lassen würde. Immer und immerzu ist sie weg und ich stehe alleine mittendrin da und versuche mein Gleichgewicht zu halten. Am liebsten würde ich umfallen, unter den Menschen untergehen, weg sein. Nicht mehr gesehen werden. Nicht mehr angesprochen werden. Doch es ist ja klar, sie denkt, ich könnte mich alleine durchschlagen, aber das kann ich nicht. Ich brauche dafür ihre Unterstützung. Ich kann es ihr nur nicht sagen, denn ich bringe es nicht übers Herz so nach Hilfe zu betteln, das wäre nicht ich. Das wäre irgendein anderer Mensch, aber nicht ich, Lola Steiner aus dem kleinen abgelegenen Dörfchen.
Ich unterhalte mich mit Pit. Zum Glück ist er da und es scheint als würde er sich genauso wie ich, nicht besonders gut amüsieren. Dabei kennt er die ganze Welt. Ist immer dabei, alle mögen ihn. Ich verstehe gar nicht, dass er sich heute mal so zu mir stellt. Jonas geht an uns vorbei, guckt mich an wie immer und formt mit seinen Finger ein Peacezeichen. Ja genau, Frieden, du mich auch, Mistkerl. Persönlich finde ich ja, er soll mich in Ruhe lassen. Tzz, macht er aber nicht.

Muss immer weiter in den fast verheilten Wunden bohren. Immer tiefer. So, dass es immer wieder erneut blutet und weh tut. So ein Blödmann. Und das, wo ich heute ganz besonders schlecht drauf bin. Aber woher soll die ganze Welt das wissen? Wen würde es denn überhaupt interessieren? Niemanden, jawohl.

Hannah kommt und wir tanzen. Was soll ich auch sonst machen? Ich fühle mich hier irgendwie sehr verloren und unerwünscht. Isi ist nicht mehr da, sie ist irgendwohin gegangen mit Gerrit. Ich hatte es ja schon geahnt, aber das es wirklich so kommt, enttäuscht mich etwas. Dank Hannah bin ich nicht übermäßig sauer auf Isi, denn sie ist ja jetzt da und übersteht die Party zusammen mit mir. Auch wenn sie etlichen Schwachsinn erzählt, der mich gerade herzlich wenig interessiert, weil ich mit meinen Gedanken ganz woanders bin und meinen Tränen liebend gerne freien Lauf lassen würde. Wir tanzen noch zu einigen Liedern und dann sagt Hannah, sie würde jetzt gerne nach Hause gehen. Ihr sei nicht mehr so danach zu saufen und zu tanzen. Sie ist müde und ausgelaugt von der anstrengenden Arbeitswoche. Sie will nur noch ins Bett. Natürlich will sie das, sie tut in ihrem Leben ja auch was. Und ich eben nicht. Aber ich bin auch froh, als sie ins Taxi steigt und ich zu Fuß den Marsch nach Hause antrete. Ins Bett legen und weinen. Auf dem Weg überkommt mich schon ein schlimmer Heulkrampf und ich reiße mich auch nicht mehr zusammen. Ich bin ja alleine. Dachte ich. Aber er kommt mir entgegen mit dem Auto, hält neben mir an, lässt die Scheibe runter und fragt was los ist.
»Nichts«, antworte ich. Er lacht.
»Natürlich ist nichts. Deswegen weinst du ja auch«, sagt er und nun muss ich auch lachen.
Wie verrückt, immer begegne ich ihm so. Aus seinem Autoradio

höre ich Mando Diao – Good Morning Herr Horst. Eines meiner Lieblingslieder.
»So, if you see me on the Street, don't ask me about my passing Days, just sleep another Coin and walk away – lalalalalalalalalalala«, sowas denke ich auch ziemlich häufig. Fast immer.
»Sag doch, was los ist«. Er schaut mich wirklich fragend an, doch ich gebe ihm keine ehrliche Antwort.
»Ach, du weißt doch, wenn man besoffen ist, glaubt man alles ist scheiße«. Hat er in meiner Gegenwart eigentlich jemals Alkohol getrunken? Ich glaube nicht.
»Hm«, entgegnet er darauf. Also keine Antwort auf die Frage, die in meinem Kopf schwirrte. Danke du Fremder, du kannst wirklich keinen einzigen meiner Gedanken lesen. Eigentlich schade. Dann müsste ich weniger reden und hätte trotzdem Antworten.
»Steig ein«, sagt er und ich bemerke, dass er etwas dominant erscheint. Aber okay, ich steige ein. Wir fahren durch ein paar Straßen, fahren über die Brücke und kurz danach halten wir an einem schönen Haus. Ich vergesse auf das Klingelschild zu gucken, weil ich manchmal einfach nicht mitdenke. Mist. Drinnen werde ich von soviel Schönem erschlagen. Die Möbel alt und rustikal. Sie sind teils im dunklen Eichenholz und teils in unschuldigem Weiß. So einen Stil hätte ich ihm nicht zugetraut, wobei ich ehrlich gesagt auch noch nie darüber nachgedacht habe, wie er wohl lebt. Die eine Kommode hat es mir besonders angetan. Sie steht im Flur, direkt nachdem man die knarrende Treppe hochgekommen ist. Sie ist tiefbraun, so wie ich es liebe. Sie ist aufgearbeitet das sehe ich. Bestimmt ist sie noch von seinen Großeltern oder Urgroßeltern. Ich mag so alte Sachen, bin gegen diesen ganzen modernen Kram. Wir gehen ins Wohnzimmer. Dort steht ein großes Sofa im Ko-

lonialstil, wunderschön. Es beeindruckt mich so, dass ich irgendwelche Laute von mir gebe und mich sofort darauf setze.
»Ist das hier wirklich dein Zuhause?«, frage ich erstaunt und mit großen Augen. Er nickt, aber weder arrogant noch verschämt. Er macht Musik an. Tomte – Ich sang die ganze Zeit von Dir. Für diesen Moment ein wenig überholt, aber egal. Ich bin müde. Er setzt sich zu mir. Ich lehne meinen Kopf an seine Schulter und schlafe langsam aber sicher ein.

Denn das Leben ist ein Spiel und das Spiel hat ein Ende, irgendwann. Jedes Spiel hat ein Ende. Doch jedes Spiel hat auch Gewinner und Verlierer und ich bin der Verlierer.

Eingerollt durch ein verstaubtes altes Haus.
Im Grunde sind es nur Gefühle, doch man muss sich klein machen um irgendwie durchzukommen.

Mir ist unklar, wie ich es geschafft habe, soviel Nähe zuzulassen. Das kann nur der Alkohol möglich gemacht haben. Unter anderen Umständen wäre ich niemals mit zu ihm gegangen, da bin ich mir ziemlich sicher. Es war eine schöne Nacht. Aber ich bin froh zu Hause zu sein und ich hoffe inständig, dass ich ihm vorerst nicht mehr begegne. Ich möchte wirklich nicht, dass das alles zu extrem wird. Es reicht, dass ich schon ein kleines Gefühl ihm gegenüber zugelassen habe. So kann das nicht bleiben. Nein. Ich muss mal wieder realisieren, dass ich mit keinem Menschen zusammen sein kann. Weil kein Mensch jemals mit mir zusammen sein möchte. Und ganz bestimmt hat ein Mann wie er, herzlich wenig Interesse an einem psychischen Pflegefall. Sich Arbeit aufhalsen, damit umgehen müssen, wenn die doofe Freundin plötzlich einen Heulanfall bekommt, oder nicht mit zu einem Essen mit der ganzen Familie kann, weil sie mit ungewaschenen Haaren in ihrer verdreckten Wohnung sitzt und über Selbstmord nachdenkt. Der Mann, der das alles freiwillig erträgt, muss erst erschaffen werden.
Nur leider bin ich dazu nicht in der Lage.

Ich sitze wie sooft an einem herrlich sommerlichen Nachmittag auf meinem Klappstuhl und genieße die Aussicht in den Himmel. Dabei kann man einfach so gut nachdenken. So viele Sachen fallen mir ein, wenn ich in den Himmel gucke.
Ist es wirklich schön, zu sterben? Würde es mich befreien? Wäre

ich besser dran, wenn meine Familie nicht mehr bei mir wäre? Sie wären alle hier unten, würden zusammen viele Sachen erleben und ich wäre nicht da. Aber dennoch denke ich, dass es für mich persönlich besser wäre, dass alles nicht mit zu erleben, denn ich erlebe diese Dinge alle anders. Sie sind für mich vielleicht von mehr Bedeutung und dann wird mir klar, dass diese winzigen Momente so selten sind. Zu selten um dafür das harte und gemeine Leben auf sich zu nehmen, das ich einfach nicht bewältigen kann.

Sei nicht kindisch.

Einige Unterhaltungen sind so unwichtig, dass ich mir danach wünschte, jeden Satz, jedes kleine Wort aus meinem Kopf zu streichen. Aber nein, diese unwichtigen Sachen merkt man sich ja noch Jahre.

Ich liebe es, mich an Gerüche zu erinnern und ich verbinde Gerüche auch sehr häufig mit Menschen. Ich mag es, mich an Räume zu erinnern. An jedes kleine Detail, dass irgendwo stand und diesen Raum zu dem gemacht hat, der er war. Manchmal vergesse ich Sachen auch schnell. Meistens vergesse ich wirklich wichtige Sachen. Ich denke, ich bin eine der verantwortungslosesten Menschen auf der Welt. Ich vergesse meine Goldfische zu füttern. Ich denke nicht daran, die Blumen zu gießen. Ich rufe nie zurück und melde mich im Allgemeinen sowieso nie. Ich denke manchmal nicht an meine Mitmenschen und treffe Entscheidungen die ihnen nicht gefallen werden.

Manchmal frage ich mich, wozu ich so viel selber machen kann, wenn es letztendlich eh nur falsch ist. Ich höre mir dann immer und immer wieder an, ich sei kein Kind mehr und muss lernen Verantwortung übernehmen. Immer will ich erwachsen sein, doch wenn es wirklich wichtig ist, benehme ich mich wie ein Kind. Das bringt mich manchmal dazu, dass ein Würgereiz einsetzt und ich am liebsten brechen würde. Meistens schlafe ich bis mittags. Auch wenn ich versprochen habe zu kochen. Okay, jetzt wo ich die Tabletten ziemlich regelmäßig nehme, stehe ich zu einer normalen Zeit auf und keiner kann sich mehr aufregen, dass ist durchaus ein Vorteil und nimmt mir etwas Druck. Denn abends hatte ich vor dem Einschlafen schon immer Angst, dass ich am nächsten Tag wieder zu lange schlafe, weil ich einfach nicht wach werde. Weil ich die scheiß Augen nicht aufbekomme. Ich hatte abends, während ich wie eine Verrückte versucht habe, einzuschlafen, die Gesichter von Lisi, Lotte und Mama vor Augen, denn sie wären alle wie immer sauer gewesen. Sie hätten mich komisch behandelt. Vielleicht nicht direkt, doch ich hätte gespürt, dass in ihren Köpfen das Gleiche vorging. Die verdammte Wut, wie ich mir herausnehmen kann, bis mittags schlafen zu dürfen. Aber ich konnte nichts dazu. Ich habe es nicht geschafft aufzustehen. Ich habe es einfach nie geschafft.

Diese unbestimmte Leere in mir ist so normal geworden, dass es mich fast wundert als sie fort ist.

Gefühle nicht von dieser Welt. Mir geht es so erstaunlich gut. Ich tanze mit einem breiten Grinsen im Gesicht durch die Wohnung und fasse dieses Gefühl nicht. Es überwältigt mich und ich bin so seltsam zufrieden, dass ich mich frage, wie das sein kann.

Ich bin heute Morgen um halb sechs aufgestanden, habe alles aufgeräumt und geputzt, ich habe geduscht, mich geschminkt und mir die Haare gemacht. Ich habe ein bisschen länger vor dem Schrank gestanden und überlegt, was ich anziehen soll, denn ich wollte gut aussehen.
Einfach so. Weil es normal ist. Einfach so. Weil das alle Leute tun, alle Leute, die normal sind. Und das heute war ja nicht das erste Mal, es kam jetzt schon eine ganze Woche lang vor, dass ich früh aufgestanden bin und ein einigermaßen normales Leben geführt habe. Stolz erfüllt meinen ganzen Körper und ich vermute, dass auch alle anderen das ein bisschen merken. Ich habe mir schon überlegt, dass ich heute mal auf einen Kaffee zu Lotte gehe und das werde ich genießen. Nach langer Zeit werde ich das mal wieder genießen und dieser Gedanke ist hinreißend.
Mein Herz füllt sich mit Liebe und Glück.

Gib dem Kind einen Namen.

Ich wache auf, es ist ein Samstagmorgen, noch früh. Ich erschrecke mich, denn plötzlich wird mir klar, dass heute DER Tag ist. Kein gewöhnlicher. Sondern der Tag, an dem Carla, Isabelles Schwester heiratet. Ich bin eingeladen und das schon ungefähr seit einem Dreivierteljahr. Wie konnte ich das nur vergessen?
Warum habe ich nicht mehr daran gedacht und wieso habe ich seit zwei Wochen nicht mehr mit Isi gesprochen, so dass sie hätte mich daran erinnern können? Ich wollte doch zusammen mit ihr hingehen. Wahrscheinlich ist das alles so blöd gelaufen, weil ich ewig meine Tablette nicht mehr genommen habe und auch den letzten Termin bei meiner Neurologin nicht wahrgenommen habe.

Es ist Herbst und über mir braut sich seit Tagen schon eine dunkelgraue Wolke zusammen. Es ist so beschissen, dass ich das alles selbst kaum steuern kann. Denn mir geht es wohl nur gut, wenn ich die Tabletten nehme, was mich wie immer fertig macht. Ich will dieses scheiß Leben nicht mehr leben. Alles dreht sich irgendwie um mich. Ist ja schließlich auch mein Leben. Aber trotzdem, ein doofes Leben, in dem sich alles um einen selbst dreht. Und darum, ob du dein Antidepressiva nimmst, oder nicht. Entweder geht es dir gut, oder nicht. Alles hängt davon ab. Bescheuert.
Jetzt jedenfalls muss ich mich sputen. Ich springe in frische Unterwäsche, Jeans, T-Shirt und einen Pulli. Ich renne ins Bad, putze mir die Zähne und kämme mir die Haare. Auf geht's, ich brauche nämlich noch ein Kleid.
Mit dem Bus fahre ich in die nächstliegende Kleinstadt und arbeite mich durch alle Läden, die in Frage kommen. Der letzte ist ein

sehr interessanter Laden. Dort hängen nur wenige Kleidungsstücke und dazu auch noch ausgesprochen schöne. Ich schnappe mir ein lilafarbenes Bandeukleid und bekomme von der Verkäuferin noch ein schwarzes, viel zu langes Kleid in die Hand gedrückt, mit den Worten: »Das ist wie gemacht für sie, junge Dame«. Natürlich ist es das. Kostet ja auch gerade mal das dreifache von dem Kleid, dass ich mir ausgesucht habe. Ich probiere also zuerst das schwarze an und finde mich absolut schrecklich. So würde ich nicht mal auf eine Bad Taste Party gehen. Ich setze einen dicken Haken an das Kleid und widme mich meinem selbstausgesuchtem Kleid. Es sitzt wie angegossen. Ich muss nicht viel zuppeln und die Länge ist prima. Ich gehe voller Stolz aus der Kabine und denke mich trifft der Schlag.

»Hallo«, sagt die junge und sehr hübsche Frau zu mir.

Ich bekomme gerade so ein »He«, heraus und begutachte mich danach im Spiegel.

»Auch auf Kleidersuche?«, fragt sie und ich denke mir nur, ob sie es nicht sieht und ob man in ein Geschäft nur mit Kleidern geht, wenn man eigentlich nach einer Jeans sucht. Sie ist mir gerade wahnsinnig unsympathisch, dabei hatte ich gehofft sie ist nett. Jetzt erst sehe ich, dass sie auch ein Kleid anhat. Ein weinrotes, langes Kleid, das aus wallendem Stoff ist. Irgendwie schick, aber irgendwie auch hässlich. Und im Großen und Ganzen passt es zu ihr. Es betont ihre Augen und ihren zarten Mund. Sie sieht aus, wie eine Prinzessin. Und ich fühlt mich daneben wie Aschenputtel. Tja, wie immer eben.

»Du bist doch eine Freundin von Louis, oder?«, sie ist ja wirklich sehr forsch.

»Ähm, nee. Also ehrlich gesagt, ich kenne keinen Louis«, ich

stelle mich dumm und innerlich freue ich mich tierisch darüber, dass ich nun endlich wusste wie er hieß. Louis also. „Ach so, hat er sich wieder nur als Francois ausgegeben? Das macht er gerne mal, damit jeder weiß, dass er Franzose ist. Vor allem bei Frauen zieht das immer. Also, da du es ja scheinbar nicht weißt, er heißt Louis Francois«, sagt sie überzeugt davon, alles zu wissen. Natürlich wusste sie alles über ihn, sie war schließlich seine Freundin, ich hatte ihn trotzdem mehr als einmal geküsst und sogar einmal bei ihm geschlafen.
»Aha«, mir fällt wirklich nichts anderes ein, als ein banales ‚aha'. Ich gehe zurück in die Kabine. Jetzt, wo ich mich hier drinnen noch einmal im Spiegel ansehe, finde ich es doch nicht so übel. Das lag nur an ihr, dass ich vorübergehend dachte, es würde doof aussehen. Trotz allem hin und her nahm ich das Kleid, schließlich war nicht mehr so unglaublich viel Zeit, um zu überlegen.

»Sie sieht wirklich wunderschön aus«, flüsterte ich Isi zu, über deren Gesicht mehr als eine Träne kullerte.
»Ja«, hauchte sie und wir sahen uns gemeinsam das Szenario an, wie Carla und Adam über den Gang durch die Kirche, bis zum Altar schritten. Sie trug ein weißes Kleid, kein Champagnerfarbenes, wie ich es einmal an dem wichtigsten Tag in meinem Leben anziehen möchte. Ihr Kleid war weiß. Wirklich weiß.
Es war geschmückt mit Kristallen und ihre Schleppe war fast so lang, wie der Gang. Ihre Haare waren gelockt, kleine süße krisselige Locken, wie sie sie immer hat, aber sie glänzten so stark, wie nie zuvor. Sie sah aus, wie aus einem Märchen entsprungen.
Die schöne Carla, die sowieso immer sehr schön ist, doch heute sieht sie noch viel bezaubernder aus.

Die Zeremonie ist nett gemacht. Sie sagen ja und stecken sich die Ringe an. Alles so schön. Die beiden lieben sich wirklich. Ich freue mich so sehr für die beiden, dass ich sie, nachdem wir endlich wieder auf Asphalt standen und der Kirche den Rücken gekehrt hatten, in den Arm nahm und lange drückte. Ich kenne die beiden ziemlich gut und auch schon sehr lange. Ich mag sie, obwohl sie ein so normales strukturiertes Leben führen. Vielleicht mag ich sie deswegen so besonders gerne? Wer weiß. Im Garten eines sehr guten und vor allem teuren Hotel wird die Feier stattfinden. Ich fahre mit Isi und ihrer kleinen Schwester.
Auf der Fahrt sage ich kein Wort. Ich höre nur zu, wie Isi und Paula sich unterhalten. Es ist doch immer wieder so verblüffend, wie das Geschwistersein funktioniert. Manchmal sehr unterschiedlich und manchmal genauso, wie man es selbst gerne mag und auch tut. Isabelle und ihre Schwestern gehen ganz anders miteinander um wie ich mit meinen. In der Vorraussetzung, dass es mir zu jener Zeit gut geht. Ich finde, das Verhältnis der Schwestern wirkt so kühl und distanziert. Komisch. Dabei bin ich doch in der Regel ein Mensch der sehr stark auf Distanz geht, dennoch fällt mir so etwas bei anderen auf? Hm.

Wir sind angekommen.
Der Garten ist so prachtvoll geschmückt und die Tische stehen durcheinander, aber man weiß genau, dass es so sein soll. Die Dekoration ist sehr farbenfroh. Ist ja auch ein schöner Tag und deswegen kann man das mit viel Farbe am besten rüberbringen. Ich jedenfalls bin ein großer Fan von dieser Art und Weise. Als ich neben Isabelle Platz genommen habe und im Hintergrund leise Musik gespielt wird, allerdings Sachen, die mir nicht sonderlich

bekannt vorkommen, entdecke ich sie. Mascha. Mascha. Mascha. Die Freundin von Louis. Sie trägt ihr weinrotes Kleid und hat ihre Haare zu einer hübschen Frisur hochgesteckt. Ihr Make–up ähnelt dem von Dita von Teese. Sie sieht immer noch aus, wie eine Prinzessin. Eine, die alle haben wollen. Bildschön und unerreichbar. Und genau wegen dieser Unerreichbarkeit lieben sie alle so sehr. Und wegen ihrer Schönheit.
Die Rede ist jetzt von Prinzessinnen im allgemeinen, nicht von Mascha im Besonderen. Sie sieht mich, winkt mir zu und lächelt mich an, als hätten wir uns fast zehn Jahre nicht gesehen, wären aber die allerbesten Freunde. So was macht mich einfach wütend. Ich könnte auf der Stelle ausrasten. Aber ich werde beruhigt, nein, nicht beruhigt, nur abgelenkt. Denn plötzlich taucht er auf. Louis. Er hält ihr ein Glas Sekt, oder auch Champagner hin und sie nimmt es ihm zaghaft aus der Hand. Er dreht sich zu mir um, sieht mich. Und das war's. Toll. Isi ist verschwunden. Sie begrüßt noch ein paar Verwandte und Bekannte. Manche hat sie Jahre nicht gesehen. Eigentlich hatte sie gesagt, dass sie darauf nicht so scharf wäre, doch scheinbar ist sie ein kleines bisschen neugierig, wie sich alle verändert haben. Nach dem Essen beobachte ich alle und trinke Bier. Isi tanzt zur späteren Stunde mit Adam und Carla kommt kurz zu mir.
»Schön, dass du gekommen bist, Lola«, sagt sie, zieht sich einen Stuhl ran und zündet sich eine Zigarette an.
»Eigentlich darf ich ja gar nicht, aber Adam ist gerade so beschäftigt, dass er es wohl kaum sehen wird«, ihr Blick auf den Bauch sagt mir alles. Ich freue mich riesig für die beiden.
»O, das ist ja toll«, sage ich relativ laut und drücke sie, sofern das geht mit ihrem Kleid.

Wir sitzen ein paar Sekunden da und strahlen uns an. So glücklich und froh. So, als hätte sie mit der Neuigkeit die Welt mal eben angehalten und wir wären gefangen, glücklich gefangen, in der Seifenblase des Glückes. Sie bestimmt sowieso und ich jetzt auch, für kurze Zeit. Carla geht nach einem kurzen Gespräch weiter. Verständlicherweise. Ich bin nicht traurig darüber, doch ich fühle mich, wie sooft im Leben einsam. Gerade jetzt, wo ich auch ihn nicht mehr sehe.
Vielleicht sind sie schon gegangen oder tanzen auch. Die Tanzfläche ist so voll, dass ich nicht mal mehr Isabelle und Adam sehe. Ich bekomme ein Glas Wein. Trinke es genüsslich, während ich weiter glückliche Paare, Kinder und Menschen beobachte, die diesen Abend für das Größte halten. Nicht, dass ich das nicht auch tue, doch auf eine andere Art und Weise. Ich muss darüber nicht sprechen. Ich muss mich nicht mitteilen. Ich muss mich nicht mit Leuten anfreunden, die ich danach wohl nie wieder sehe. Nachdem ich den Wein ausgetrunken habe, stehe ich auf, nehme meine Tasche und ziehe mir meinen schwarzen Cardigan über. Ich mache drei Kreuze, wenn ich zu Hause bin und diese fürchterlichen Schuhe ausziehen kann. Sie sind unbequem und sehen enorm hässlich aus, finde ich. Trotzdem, auf die Schnelle hatte ich heute Vormittag wirklich keine Zeit, mir noch neue zu kaufen. Und das Geld hatte ich im Übrigen auch nicht. Also mussten eben die alten grässlichen Latschen her, die ich damals auf Mara's Taufe getragen habe.
Ich bleibe einen Moment vor der Tanzfläche stehen und irgendwann sehe ich auch endlich Isi. Ich winke ihr zu, um ihr verständlich zu machen, dass ich jetzt gehe. Sie winkt zurück und lächelt mich an.

So unfassbar glücklich und zufrieden. Das traurige an der Sache ist nur immer, dass das Glück und die Dankbarkeit so einen Abend erleben zu dürfen, von viel zu kurzer Dauer ist. Am Montag sieht schon alles wieder anders aus. Da kommt der Alltag und vorbei ist es mit dem Glück. Denkt man zumindest. Ich sehe noch Isabelles Mutter und sage auch ihr Tschüss, als plötzlich Mascha und Louis um die Ecke kommen. Sie lächelt mich an, gibt mir ein Küsschen auf die Wange und verschwindet.
Er bleibt vor mir stehen und ich sehe, dass er betrunken aussieht. Zum ersten mal sehe ich Louis betrunken. Darüber muss ich doch ein wenig schmunzeln.
»Hallo Herbstschönheit. Willst du etwa schon gehen?«, lallend diese Frage stellend, nimmt er kurz darauf ein Schluck Bier aus seinem Glas.
»Ja«, antworte ich und sehe, wie so oft schon, in seine unnachahmlich grünen Augen.
»Kommt nicht in Frage. Du gehst nicht, ehe wir nicht einmal miteinander getanzt haben«. Gesagt, getan. Er zieht mich hinter sich her und ich versuche einigermaßen anständig mit den Schuhen über das Stück Wiese zu gelangen. Ihm ist es sicherlich peinlicher, wenn ich stürze. Obwohl, er scheint betrunken und ich nicht. Ich halte ihn fest.
»Sag mal, bist du etwa betrunken?«, frage ich und lächele dabei.
»Ja, auch ich bin mal betrunken! Darf ich das nicht? Du bist doch andauernd besoffen«, er antwortet ziemlich ärgerlich.
Darf ich so eine Frage etwa nicht stellen?
»Doch, du darfst ruhig trinken. Nur, weil ich das noch nie erlebt habe, hat es mich einfach gewundert..«, unsere Gesichter sind jetzt so nahe aneinander, dass wenig dazwischen passen würde. Er zieht

mich weiter und prompt stehen wir auch schon auf der Tanzfläche. »Ich kann aber nicht tanzen«, sage ich ängstlich. Ich mag es nicht, mich zu blamieren, das Problem ist nur, dass ich es trotzdem permanent mache.
»Ich führe Dich doch, Mademoiselle«, sagt er, und führt es dann auch noch perfekt aus. Ich glaube wir sehen wirklich nicht übel aus. »Guck mal zu Adam«, sagt Louis. Ich tue es und zack macht er ein Foto. Na prima, dabei wollte ich seit zwanzig Minuten schon zu Hause sein. Er lacht als ich ihn böse angucke.
Ich bin doch leicht empört darüber, dass ich mich immer wieder so veräppeln lasse. Weil ich eben blöd bin. Dieser Gedanke raubt mir die Laune. Ich fliehe aus Louis Armen und laufe nach vorne, in der Hoffnung, dass dort ein Taxi steht. Ich sage einer Frau Bescheid und sie organisiert mir eins. Ist wirklich schön, dass sie hier alles für die Hochzeitsgäste tun.

Er kommt hinter mir her. Steht fünf Meter von mir entfernt und schaut mich einfach nur fragend an. Wieso, weshalb, warum? Ja, wenn ich das alles wüsste. Ich möchte ihm am liebsten alles sagen. Wer ich bin. Und das ich nicht die bin, für die er mich hält. Das mein Leben verkorkst ist und ich immer nur versage. Ich will ihm sagen, dass ich in meinem Leben noch nie etwas erreicht habe und das auch so bleiben wird, bis ich sterbe, bald.

Doch ich sage nichts, denn meine Gedanken werden von einem schönen Kuss unterbrochen. Es fühlt sich an, als würde jemand bunte Streusel über unsere Köpfe werfen, denn ich spüre ein Knistern am Kopf und am Rücken. Ich spüre überall dieses tolle Knistern. Er fährt mit seinen Händen unter mein Kleid und es fühlt

sich gut an. Mein Taxi kommt.
»Ich muss...«, er legt seinen Finger auf meine Lippen, starrt mich an und küsst mich noch einmal. Er drückt mich dabei fest an die Mauer, es tut nicht weh, es ist schön. Es fühlt sich an, als würde er mich mögen. Ich steige ins Taxi, schaue nicht noch einmal zu ihm und freue mich innerlich sehr auf mein Zuhause.

Ich liebe dieses Leben. Ich liebe die Welt.
Ich liebe meine Familie. Ich liebe Chucks.
Ich liebe Grün. Ich liebe meine Freunde.
Ich liebe Kleider. Ich liebe Goldfische.
Ich liebe Gesellschaftsspiele. Ich liebe Rouladen.
Ich liebe Bier und Zigaretten. Ich liebe Herbst.
Ich liebe Sommer. Ich liebe Frühling.
Ich liebe Winter. Ich liebe mich.
Ich liebe Kinder. Ich liebe Schreiben.
Ich liebe Denken. Ich liebe Leichtigkeit.
Ich liebe Lachen. Ich liebe Lesen.
Ich liebe meine Eltern. Und ich liebe Dich.

Ich habe Zauberpulver verstreut im Garten.
Es fliegt fort und nimmt wie gewohnt einen Teil von mir mit.

Ich glaube, ich habe mich deutlich in irgendwas verrannt. Das alles mit Louis, das ist mir inzwischen zu viel. Okay, ich gebe es ja zu, ich denke oft an ihn und ich wünsche mir ständig ihn zu treffen. Ihn zu küssen. Seinen guten Duft einzuatmen. Aber dennoch ist es ein Fehler. Ich kann damit nicht umgehen. Ich kann nichts, was er tut wirklich deuten. Eins weiß ich nun, Mascha ist nicht seine Freundin, sie ist nur einfach eine Freundin. Aber auch das ändert nichts daran, dass ich immer noch viel zu viel Angst vor allem habe. Ich fürchte mich davor, dass er mich nicht mag, wenn er weiß, dass ich krank bin. Ich habe so eine Angst davor, dass er mich auslacht und sagt, ich wäre ein Psycho. Bin ich ja eigentlich auch, aber ich möchte das nicht von ihm wissen, es reicht, wenn ich das so weiß. Wenn ich mir das selber jeden verdammten Tag sage.
Es ist sicherlich nicht leicht, so zu sein wie ich bin. Sich ständig unverstanden zu fühlen. Zu wissen, dass keiner so denkt wie du, aber wenn du dann daran denkst, dass ein Mensch, den du vielleicht gerne magst, dich abstoßen könnte, weil du anders bist, das tut weh. Ich hoffe, ich werde ihn erst mal nicht mehr sehen. Ich möchte ihn erst mal nicht mehr sehen.

Du kannst nichts ungehört, ungesehen und ungesagt machen.
Du kannst nichts ungeschehen machen.
Alles bleibt. Für die Ewigkeit.

Als Kind hatte ich manchmal so Attacken. Vielleicht waren es Panikattacken, ich weiß es nicht. Ich bekam keine Luft mehr und weinte krampfhaft. Ich war am Ende mit meinen Kräften und mit meinen Nerven. Meine Mama nahm mich dann in den Arm und sagte ich sollte atmen. Irgendwann allerdings sagte sie, ich solle mich nicht in alles reinsteigern und nahm mich nicht mehr ernst. Heutzutage bekomme ich solche Attacken nur noch körperintern. Wenn er verrückt spielt, wenn ich das Gefühl habe zu ersticken, Hitzewallungen bekomme. Wenn meine Hände nassgeschwitzt sind. Wenn mein Kopf dröhnt und ich am liebsten endlos weinen würde, dann weiß ich, ich habe tierisch Angst. Panik vor irgendwas. Meistens davor, zu versagen.
Oder, nicht gut genug zu sein.

Ich fühle mich in diesen Momenten so wertlos und so anders. Ich möchte am liebsten sterben in solchen Augenblicken. Genauso wie ich früher so dermaßen aggressiv war.
Ich kann so was nicht vergessen. Ich muss ziemlich oft daran denken. Ich weiß, dass ich das alles nicht mehr gut machen kann. Diese Verletzungen die ich an anderen Seelen verübt habe. Es tut mir leid. Manchmal habe ich früher Worte gesagt, mit denen ich meiner Mama so tief ins Fleisch schnitt, dass ich es kurz danach bluten sah. Es tat mir leid. Es tut mir leid.
Die Erinnerungen bleiben.. .sie verfliegen nie.

Wie oft werde ich wohl noch das Vergnügen haben, auf Rosa zu liegen? Ich weiß nur, das es jedes mal wieder wunderschön ist. Ich genieße es. Rosa ist und bleibt flauschig und schön. Es wird nie passieren, dass sie sich mal anders anfühlt. Das find ich gut. Manchmal mag ich so geregelte Sachen, aber ehrlich gesagt, nur manchmal. Ansonsten bin ich eher der Typ Mensch, der gegen Gewohnheiten ist. Anti-Gewohnheiten, sozusagen.

Tust du es, ärgert es dich im nachhinein.
Tust du es nicht, ärgert es dich im nachhinein.

Ich habe mir vor ungefähr fünf Minuten überlegt, dieses Mal nicht über den Rand zu lugen. Der Anblick vom letzten Mal ist mir noch immer im Gedächtnis, ich kann diese Bilder nicht vergessen. Die Frau, die versucht hat sich und ihre Kinder zu retten und jetzt nicht mehr existiert, dass war so schrecklich. Ich denke es gibt auch nur noch wenige Menschen auf der Erde, die Erinnerungen an diese starke Frau haben, denn der Großteil ist, wie ich vermute, sicherlich auch mit drauf gegangen. Wie sollte man so was auch überleben?
Die Neugier packt mich nun schon zum vierten Mal, bei den letzten Malen konnte ich stand halten, aber es wird immer schwieriger. Ich mag nicht runter sehen und das Treiben beobachten. Ich möchte nicht wissen, was da unten geschieht. Wer gerade tötet. Wer gerade vergewaltigt wird. Ich möchte nicht immer wissen, dass das Verbrechen an jeder Ecke lauert und niemand etwas dagegen tut. Was ist wohl aus dem Mädchen geworden, dass von dem Mann in ein Haus gezogen wurde. Was ist aus dem Jungen geworden, der von seinen Mitschülern geschlagen wurde. Was ist aus dem Jungen ohne Beine geworden, der im Krieg nur noch zu seiner Mama wollte?
Niemand hat eine Antwort darauf.
Und niemanden interessiert es.

Lass mich deine Haut auf meiner Wange spüren,
deinen Atem meinen Hals streicheln.
Komm her, küss mich.

Ich denke ab und an wirklich sehr an ihn.
Neulich war ich mit Isi und Amelie auf einem Konzert alles war sehr schön und ich fand auch einen Typen mit dem ich knutschen konnte, um mich abzulenken.
Seit das alles mit Louis war, war ich so brav und habe immer nur gehofft ihn zu sehen und ihn zu küssen. Auf dem Konzert ging es mir zwar ähnlich, aber ich habe es geschafft, das Gefühl zu verdrängen. Und Tim sah wirklich nicht übel aus. Dunkle kurze Haare, Brille und blaue Augen. Er hatte ein markantes Gesicht und eine tiefe Stimme. Sein Kleidungsstil war vielleicht nicht unbedingt das, was ich bevorzuge aber gut, über Geschmack lässt sich ja bekanntlich streiten. Tim hat ganz passabel geküsst und er war nicht zu neugierig, denn solche Typen kann ich wirklich überhaupt nicht ausstehen. Wahrscheinlich hat ihn nicht mal interessiert wie ich heiße, aber so ging es mir ja auch. Hauptsächlich ging es lediglich darum, jemanden zu küssen. Einen Mann, der keine grünen Augen und dunkle Wuschelhaare hatte. Und wie man sieht, hat es geklappt. Doch inzwischen brennt diese Sehnsucht nach Louis so stark in mir, dass ich gerne eine Handynummer von ihm hätte. Okay, ich weiß wo er wohnt, doch mir würde es im Traum nicht einfallen, dorthin zu gehen und zu klingeln. Das wäre wirklich das Allerletzte, was ich tun würde.
Isi ist übers Wochenende auf einem Festival und ich frage mich, wie ich es jemals schaffen würde, ohne sie klarzukommen. Kann ja mal sein, dass man sich streitet oder so, was mache ich denn dann nur?

Isi mein Herz. Ich brauche sie jetzt. Ich möchte doofe Filme mit ihr gucken, auf die ich mich, dank meiner Depression, eh nicht konzentrieren kann, aber trotzdem manche Sachen aufsauge und sie in meinen Kopf zermatere, wie die Frage, wer ich bin und was ich will.

Der Herbsthimmel hängt so tief und ist duster. Ich mag ihn, denn er hat Ähnlichkeit mit meinem Befinden gerade. Es ist nicht so, dass ich meine Tabletten nicht genommen hätte, was natürlich als erste naheliegende Begründung gilt, für mein momentanes depressives Verhalten. Aber ganz im Gegenteil. Ich nehme sie jeden Morgen, in der Hoffnung, dass ich nicht mehr das Gefühl habe, eine schwarze Wolke würde meinen Tag bestimmen. Der Herbsthimmel ist ein Ebenbild von mir und das ist schade. Wie gerne wäre ich glücklich und würde den Herbst genießen, mit all seinen dunklen und faden Facetten.
Nur leider schaffe ich das nicht. Weil ich zu nichts zu gebrauchen bin, nicht mal dafür, eine Jahreszeit so zu nehmen, wie sie ist. Der Sommer, ja der Sommer, er wäre viel besser. Für mich.

Willkommen.

»Hilfe«, schreie ich. Doch niemand hört mich. Kein Mensch sieht mich. Niemand hört mich. Vielleicht will es auch keiner, wer weiß. Ich falle. Ich falle. Ich falle von der Wolke. Von meiner Wolke. Von der schönsten Wolke der Welt. Ich bin einfach so runtergefallen. Ich habe Angst, werde ich jetzt wirklich sterben? Ist das nun mein richtiges Ende oder was ist das gerade?

Der Aufprall ist harmlos. Ich falle sehr weich auf eine Wiese. Was ich trotzdem ziemlich komisch finde, so weich sind Wiesen doch eigentlich gar nicht. Ich stehe auf und sehe mich um. Alles wirkt eingeschlafen und grau. Ich laufe ein Stück. Doch weder Menschen noch Autos beleben das Dorf.
Das Dorf, indem ich lebe.
Oder lebte, ich weiß es nicht.
Ich erkenne viele Häuser und frage mich, was mit den Leuten passiert ist, die normalerweise an so einem schönen Sommertag draußen auf der Bank vor ihrem Haus sitzen und mit den Leuten sprechen, die vorbeilaufen.
Wo sind die Kinder, die spielen oder mit ihren Fahrrädern die Straßen auf und ab fahren. Wettrennen machen und meinen sie würden auf einem superschnellen Motorrad sitzen und durch die ganze Welt fahren. Ich frage mich, wo sind die schönen Blumen in den Vorgärten. Warum läuft niemand in kurzen Hosen oder bunten Sommerkleidern an mir vorbei und sagt freundlich »Hallo«?

Ich bin entrüstet. Ich kann nicht glauben, dass dieses Dorf nicht mehr lebt. Ich kann nicht verstehen, dass hier nichts mehr ge-

schieht. Keine Menschenseele ist in unserem kleinen Dorfladen, nur eine Kassiererin sitzt an der Kasse, den Kopf auf die abgemagerten Hände gelegt. Sie sieht so nachdenklich aus.
Ist das gerade die Wirklichkeit oder befinde ich mich in einem Traum? Mein Herz sagt, es ist ein Alptraum, doch mein Verstand sagt mir, dass ich mitten im Jahr 2021 das Dorf erreicht habe.
Ich blicke in ein Fenster. Ich kenne die Familie nicht, die in diesem Haus lebt, aber ich sehe ein Mädchen. Sie hat dunkle lange ungewaschene Haare, schale Haut und ihre Augen strahlen nichts mehr aus. Nur Traurigkeit und Furcht. Sie sieht aus, als hätte ihr jemand etwas getan. Sie zieht die Gardine weiter weg und ich entdecke an ihren nackten Armen Verletzungen, es sieht so aus, als hätte sie sich die Arme aufgeritzt.
Aber das kann doch nicht sein, sie ist doch bestimmt erst neun oder zehn. Für viel älter halte ich sie wirklich nicht.
Meine Kehle zieht sich zusammen. Mein Herz tut weh und ich fühle mich, als wäre ich in einer Welt angekommen, gegen die ich immer ankämpfen wollte.

Hinter dem Mädchen taucht eine Frau auf. Ich denke es ist ihre Mutter, denn die beiden sehen sich sehr ähnlich. Es kann allerdings auch daran liegen, dass diese Frau dunkle lange ungewaschene Haare hat und einen hellen faden Teint. Sie sieht genauso traurig aus, wie das kleine Mädchen. Und eben dieses sieht mir gerade direkt in die Augen. Sie schaut so flehend, dass ich am liebsten reingehen würde um die Wände bunt anzumalen. Das Grau einfach wegmalen. Sie in den Arm nehmen. Doch das steht nicht in meinen Möglichkeiten. Als die Frau mich bemerkt, zieht sie die Gardinen zu und reißt ihre Tochter vom Fenster weg. Sie möchte nicht, dass ihre Tochter mit mir kommuniziert. Sie möchte isoliert bleiben.

Tut etwas. Es ist vielleicht seltsam darüber nachzudenken, doch wenn alles so weitergeht wie bisher, wird es in einigen Jahren dazukommen, dass ich in meinem Umfeld wirklich nicht mehr das einzige Mädchen bin, dass ständig traurig aus dem Fenster guckt. Wenn alle so weiter machen, wie sie es jetzt tun, gibt es weitaus mehr kranke Mädchen, Frauen, Jungs und Männer.
Und wenn das Wörtchen wenn nicht wär', dann wäre alles viel unkomplizierter und leicht.

Ist das etwa die Lösung?

Vor einer Woche war ich mit Hannah auf einer Hausparty von irgendwelchen Freunden von ihr. Die Party war lustig und es waren auch einige Leute da, die ich kannte. Auch wenn es hauptsächlich nur vom sehen war. Bier gab es in Hülle und Fülle und auch für Schnaps wurde ausreichend gesorgt. Ich hatte also kaum Schwierigkeiten damit, mich zu betrinken. Ich trank alles durcheinander. Auf einem Tisch entdeckte ich Sekt und nahm gleich einen Schluck aus der Flasche. Er war zwar trocken, doch das machte mir wenig aus, denn ich war Allgemein schon gut angetrunken, bis betrunken. Hannah rauchte bei ein paar Joints mit und mir wurde schlecht von dem Geruch. Ich hasste so was. Auch wenn ich früher vielleicht auch schon mal, ein, zweimal an einem gezogen hatte, der Geruch ist so widerlich, dass mich das inzwischen vollkommen abschreckt. Außerdem kann ich bekiffte Leute nicht ausstehen.
Das verhält sich allerdings genauso mit Hannah. Jetzt wo die Wirkung langsam einsetzt und sie ständig in schallendes Gelächter ausbricht könnte ich ihr eine hauen. Das nervt. Und ihre Augen, wie sie guckt, ich habe das Gefühl, als würde sie überhaupt nichts sehen. Aber, es ist und bleibt ihre Sache. Der Abend hatte nichts an sich, außer genügend Alkohol, jedenfalls kam mir das solange so vor, bis Louis Francois auftauchte und mich auf die Wange küsste.
»Mademoiselle, wir haben uns schon viel zu lange nicht mehr gesehen«, sagte er und ich hätte am liebsten laut geschrien, dass das stimmt und das ich mich so freue ihn zu sehen.
Doch irgendwas in meinem Körper war so blockiert, dass ich mich wegdrehte und nach oben ging. Mein Zielort war das Bad. Doch leider war es besetzt. Ich unterhielt mich einen Moment mit Pit,

der auf Jonas wartete. Pit ging zu Jonas, als der aus irgendeinem Zimmer kam. Vielleicht hat er gerade mit irgendeinem Mädchen gebumst, zuzutrauen wäre es ihm durchaus.

Louis kam nun auch hoch. »Hör auf immer weg zu laufen«, kam es vorwurfsvoll aus seinem Mund. Ich versuchte mal wieder einen Satz zu formulieren, doch das klappte nicht. Das alles hier machte mich verrückt. Jonas auf der Seite und Louis vor mir, ein Kerl der so hübsch war, dass es nicht sein kann, dass er so penetrant versucht in meiner Nähe zu sein. Er sollte gefälligst mein Herz loslassen. Gedanklich riss ich es ihm aus der Hand, warf es auf den Boden und trampelte drauf rum.

Ich tat etwas, von dem ich nie geglaubt hätte, dass ich diese drei Wort einmal sagen würde. Ich frage mich, wieso ich das getan habe. Warum ich so etwas gesagt habe. Ich könnte mich noch immer für diese Worte schlagen. Ich lief also zu Jonas.
»Lass uns ficken«, flüsterte ich ihm ins Ohr.
Und komischerweise war er auch sofort einverstanden. Wir gingen ins Bad und dort war plötzlich alles anders. Mein Enthusiasmus von eben war wie weggeblasen. Ich hätte mich Ohrfeigen können dafür, dass ich ihm dieses Angebot gemacht habe. Es war so klar, dass er nicht nein sagt, obwohl es doch wohl ehrlich gesagt wirklich abartig ist. Gut, Männer eben.
Im Bad sitze ich auf dem Klodeckel und überlege, was ich jetzt sagen könnte.
»Hau ab«, kommt mir in den Sinn und ehe ich diesen Gedanken revidieren kann, hab ich es auch schon gesagt.
»Aber du hast doch grad gesagt, dass du ficken willst«, ist seine

bescheidene Antwort darauf. Ich sage es noch mal und noch mal und noch mal. Ich sage es lauter und hoffe danach inständig, dass es niemand gehört hat. Am liebsten würde ich weinen, doch meine Augen bleiben trocken.

Keine einzige Träne fließt mehr aus meinen Augen. Das war es dann wohl. Jonas sieht mich an. Wenig mitfühlend, eher ärgerlich darüber, dass er sich schon so darauf gefreut hat, mich flachzulegen. Hm. Er geht aus dem Bad und ich schließe hinter ihm die Tür. Als ich nach einer halben Stunde das Bad und auch die Party verlasse, geht es mir so schlecht, dass ich mich am liebsten erschießen würde. Mein Leben ist der letzte Dreck. Nein, es ist nicht mein Leben... ich bin es.

Jeder Moment, jeder Augenblick. Jede Minute und jede Stunde.
Zeiten in denen du dich änderst.
Zeiten in denen sich alles ändern könnte.

»Zieh doch lieber noch mal das grüne Oberteil an«, sage ich zu Isi. Wir machen uns fertig für eine Party. Ich war, glaube ich schon länger nicht mehr auf Partys. Hab mich die ganze letzte Zeit eingeschlossen und getrauert. Jedenfalls habe ich so getan, als wäre alles schlecht und doof. Als wäre das Leben nichts wert und ich so oder so nicht. Ich habe mir so lange Gedanken darüber gemacht, was alles anders und besser sein könnte, bis ich verstanden habe, dass es vielleicht mehr Sinn macht, alles so zu nehmen, wie es kommt, denn so soll es vielleicht sein.

Gerade bin ich so einsichtig, wie wahrscheinlich noch nie zuvor in meinem Leben. Okay, ich sehe es häufig ein, wenn ich Fehler gemacht habe. Aber es ist etwas anderes die Tatsachen so zu sehen wie sie sind. Weil sie eigentlich unabänderlich sind.

Mit dem grünen Oberteil sieht sie aus wie eine Fee. Sie ist eine Fee. Sie ist friedfertig und hat das Glück auf ewiges Glücklichsein. Denn sie ist normal. Jedenfalls noch. Und ich wünsche mir nichts sehnlicher, als das meine Freunde und meine Familie, vor allem meine kleinen goldigen Nichten, niemals so werden wie ich. So kaputte Menschen, die keinen Ausweg sehen und sogar darüber nachdenken, in welcher Form sie sich umbringen können.
Meine Nichten sollen Flügel haben und froh umher flattern können. Sie sollen den Willen haben, dass Leben zu genießen und sich keine Fragen stellen zu müssen, wieso irgendwas so ist, wie

es ist. Wenn ich könnte, würde ich ihnen beibringen, dass sie alles erreichen können, wenn sie wollen. Egal wie alt sie sind. Egal wie verloren sie sich manchmal fühlen. Sie können alles.
Isabelle weiß vielleicht nicht, dass auch sie frei wie ein Vogel ist und alles erreichen kann, was sie will. Doch irgendwann wird sie zurück blicken und der Abschluss über ihr bisheriges Leben wird sie erstaunen. Das was sie alles erreicht hat und noch erreichen kann, ist voller Glanz und Würde. Ich werde diesen Abend heute genießen. So genießen, wie ich es lange nicht getan habe. Ohne einen Tropfen Alkohol. Nur ich.

Beginne zu wünschen,
wünsche zu träumen,
träume zu erreichen,
erreiche dein Ziel,
denn das Ziel wird dein Leben sein.

Ungleiche Wahrheiten des Lebens bringen einander näher, denn in sekundenschnelle beginnt eine Debatte und man löst sich nicht mehr von einander.

Damals, bevor ich auf die Brücke ging, war ich wütend, sauer und traurig. Auf mich, aber nicht nur auf mich. Sondern auf alle Auf meine Familie, meine Freunde und im Besonderen auf Isabelle. Denn sie, ja sie sagte mir damals diese Wahrheit. Wobei ich die Wahrheit mal im Raum stehen lassen würde, denn es war ihre Wahrheit. Die mir zwar sehr nahe ging, doch sie stimmte nur zum Teil.
Ich sagte ihr nach Jahren die Wahrheit über mich selbst. Das ich krank war. Das ich im Hirn irgendwie nicht so funktionierte wie ich sollte. Das ich ein psychischer Pflegefall war. Ich gestand es ihr und war sehr froh, dass sie so nett und lieb reagierte. Dabei hätte ich nicht gedacht, dass sie es tun würde.
Klar, meine Mama hatte immer gesagt, dass es keine Schande war und das viele davon betroffen waren. Trotzdem reichte mir das nicht. Ich wollte meine Vergangenheit und mein gegenwärtiges Leben für mich behalten, auch wenn ich wusste, dass Isabelle und auch Amelie und die ganze anderen mich trotzdem mögen würden. Ich wusste, dass sie mich lieb hatten. Doch nachdem Isabelle mir gesagt hatte, wie sie die Sache sieht, war ich tieftraurig. Ich war mehr als traurig. Ich war fertig mit der Welt, fertig mit meinem Leben.
Ich wollte nicht mehr.
Es tat weh, sehr sogar.
Vor allem tat es weh, das Isabelle nicht ein bisschen einsah, dass sie nicht wissen kann, wie ich mich fühle.

Denn sie litt nicht an dieser Krankheit. Sie hatte keine Ahnung von irgendwas. Sie wusste nicht mal ein kleines bisschen wie ich mich fühlte. Und doch tat sie so, als hätte sie eine Ahnung.
Und das verletzte mich. Sie hatte kein Verständnis. Sie hatte nur Wut auf mich. Sie war sauer. Weil ich jeden Tag zu Hause war und sie arbeiten ging. Und genau das machte mich noch trauriger. Weil ich nicht so war wie sie. Weil ich gerne so sein wollte wie sie. So selbstbewusst und frei. Genauso wie meine Familie, keiner weiß wie ich mich fühle, doch alle tun so, als wüssten sie es ganz genau. Als könnten sie es auch nur ein kleines bisschen nachvollziehen, doch es ist nicht so. Nur die Menschen, die so sind wie ich, diese Menschen können es nachvollziehen und auch nur die Menschen haben ein Recht, mir ihre Meinung zu diesem Thema zu sagen und sonst niemand.
Auch keine Psychologen oder so. Denn sie wissen es genauso wenig. Die haben keinen Plan von der Materie, nur weil sie studiert haben! Dieses Buch ist nicht lustig und es wird auch nirgendwo eine versteckte Pointe am Ende geben, nein. Ich möchte auch niemandem irgendeine Schuld geben, doch ich glaube einfach, dass es die Gesellschaft und die Umwelt sind, die uns zu diesen Menschen machen, die wir heute sind. Es ist kein Schicksal und es ist sicher auch nicht so, dass Gott mal so rumgeguckt hat und gesagt hat, ja Lola, die könnte gut eine Depression gebrauchen. Ja, also Lola, du bist jetzt depressiv.
Nein so ist es nicht gewesen. Ich würde gerne lachen, doch es geht nicht. Denn das hier, dass ist der Ernst des Lebens.

Die Wahrheit ist, dass das Leben zu hart ist. Die Menschen zu ernst. Die Welt zu gefährlich und die Tiere zu unberechenbar. Eine

Eigenschaft, die sich die Menschen bei ihnen abgeguckt haben. Man kann niemandem vertrauen, nicht seinen Freunden, nicht seiner Familie und sich selbst schon gar nicht.

Die Wahrheit ist, dass die Menschen Macht wollen, die Menschen möchten über alles und jeden bestimmen. Sie wollen die Norm nicht brechen, sie wollen nur noch mehr Norm. Das jeder so ist, wie er sein soll. Sie wollen ein Maß und wer dem Maß unterliegt ist raus.

Die Menschen werden niemals glücklich und zufrieden sein, weil sie es selbst nicht wollen. Sie möchten es kompliziert und schwer, damit sie heulen können. Sich selbst bedauern. So wie ich es stets tue. Die Menschen haben ein Verlangen, dass nicht zu stoppen ist. Das Verlangen nach Perfektion. Ihre ungeborenen Kinder sind schon perfekt. Und wenn sie in den Kindergarten kommen, können sie schon lesen und schreiben. Eine verrückte Welt.

Die Wahrheit ist, dass der Konsum zu groß ist. Alles dreht sich um Marken, Geld und Erfolg. Sie alle, sie alle wollen erfolgreich sein. Das meiste Geld verdienen. Sie wollen die teuersten Handys und Klamotten. Das größte Haus und das schnellste Auto. Alle wären gerne reich und schön.

Die Wahrheit ist, dass alle anders sein wollen, doch trotzdem normal. Aber so läuft das nicht.
Entweder man grenzt sich ab oder nicht.

Die Wahrheit ist, dass wir geformt werden wie Wachsfiguren. Ob wir wollen oder nicht.

Das Problem ist, dass sich heute niemand mehr selbst genügt. Niemand! Ich, ich genüge mir selbst. Wenn die Norm das zulassen würde. Wenn ich damit bei der Bevölkerung nicht auf Granit stoßen würde.
Ich, Lola, weiß das auch, wenn mich niemand kennt. Auch wenn ich immer eine unbekannte Träumerin bleiben werde, die zu Hause sitzt und glaubt, irgendwann einmal Bücher zu schreiben. Auch wenn mich alle auf ewig hassen werden. Doch ich weiß, dass ich, wenn ich das Lachen meiner Nichten höre, dieses kleine Stück Glück in den Ohren, ein zufriedener Mensch sein werde. Ob ich heute oder morgen sterbe, es ist egal. Ich wünsche mir einfach nur, dass ich glücklich war in dem Moment.
In meinem Leben.

Nichts ist vergänglich.

Epilog

Die Party war gut. Nüchtern erlebte ich einiges anders als sonst. Ich sah die Menschen. Doch reden wollte ich trotzdem nicht mit ihnen. Das wird wohl auf ewig in mir drinnen sein, dass ich anderen Menschen gegenüber verschlossen bleibe.
Isi redete die ganze Zeit mit Gerrit und ich wünschte mir für sie, dass das endlich mal etwas wird. Amelie und ich standen nebeneinander da und beobachteten, wie sooft schon, die Leute. Aber fast nie sagte einer von uns ein Wort. Sie war traurig, weil sie mal wieder Streit mit ihrem Freund hatte und ich war irgendwie komisch. Ich nahm alles anders war. Ohne diesen Schein vom Besoffensein. Die Bewegungen der Menschen, wenn sie tanzten. Die Art, wie sie sich miteinander unterhielten. Mal komplett aufgesetzt und dann wieder ehrlich und nicht so oberflächlich. Ich spürte andauernd die Blicke von allen auf mir, wie abwertend ihre Gesichter waren, wenn sie in meine Richtung sahen. Aber das wusste ich ja auch, wenn ich betrunken war, heute war es nur noch viel deutlicher. Neben mir tauchte er plötzlich auf. Louis. Wie oft habe ich in der Zwischenzeit an ihn gedacht? Tausend mal, Millionen mal?

»Hallo Herbstmädchen«, scheinbar ist er überhaupt nicht sauer, dass ich auf der einen Party so blöd zu ihm war. Er drückt mir einen Umschlag in die Hand und jetzt wird auch Amelie ziemlich neugierig.
Ich ziehe Fotos heraus. Die, die wir auf der einen Party geschossen haben. Ich sehe wirklich ganz annehmbar aus.
»Das hast du doch bearbeitet«, sage ich und sehe sein schönes

Gesicht, seine fröhlichen Augen. Ich bemerke die kleinen Fältchen um seine Augen, die zuckersüß und männlich aussehen. Es ist als stehe neben mir eine Person, die mich verändern könnte, denn sie ist so glücklich, diese Person.

Das letzte Bild überrascht mich sehr. Ich hätte damit in keiner Weise gerechnet. Es ist das Bild von Carlas Hochzeit. Das Bild, dass Adam gemacht hat, während ich mit Louis getanzt habe. Wir harmonieren so gut zusammen. Und Mein Gesicht strahlt. So habe ich mich noch nie gesehen.
»Ich habe das nicht bearbeitet, Lola...«, ich erschrecke, denn er sagt zum ersten Mal meinen Namen. Seit ich ihn kenne hat er noch nie meinen Namen gesagt. »...du bist so schön. Und in diesen Momenten warst du besonders schön, denn du warst glücklich«. Er sagt es, als wäre das selbstverständlich, als müsste man so was sofort sehen.

Er nimmt meine Hand. »Komm mal mit, ich möchte dir etwas zeigen«, ich gehe mit ihm mit. Ich vertraue ihm blind. Und ich bin auch ein wenig neugierig, wo er mich wohl hinführt. Ich möchte es sofort wissen. Wir rennen durch die Straßen, entlang an Häusern, Bäumen und Autos. An leerstehenden Gebäuden und vollbewohnten Häusern.
Mir geht's gut. Ich laufe und weder mein Kreislauf macht schlapp, noch fühlen sich meine Beine weich und zittrig an. Ich habe keine Angst irgendwohin mit ihm zugehen. Wir rennen weiter, Hand in Hand.

Ich erschrecke, als ich sehe, wo wir sind. Auf der Brücke. Wir stehen einander gegenüber. Wir sind außer Atmen, aber trotzdem grinsen wir. Der Anblick der Brücke und das er unbedingt hier her mit mir wollte, ist vielleicht komisch. Doch der Gedanke reißt mir nicht mehr vollkommen den Boden unter den Füßen weg.
»Ich habe dich damals gesehen«, sagt er. »Du bist hier rumbalanciert, aber ich habe nie daran geglaubt, dass du wirklich springst. Ich wusste, als ich Dich hier sah, dass du zu klug bist, um dein Leben wegzuschmeißen«. Er küsst mich auf den Mund und ich schmiege mich so fest an ihn, dass wir Eins werden.
»Wolltest du wirklich springen, Lola?«, fragt er mit aufgerissenen Augen nach Minuten der Stille.
»Ja«, flüstere ich. Er küsst mich auf die Stirn, zieht mich auf die Mauer.

Wir sitzen Rücken an Rücken da und ich genieße es zu Schweigen. Dieser Moment ist so endlos schön, dass ich ihn am liebsten nehmen und in ein Vakuum ziehen würde. Die Sonne geht langsam auf und nur er und ich, wir beide sind zusammen an einem Ort, der sehr bedeutend ist für mich.

»Louis?«, frage ich.
»Ja«, sagt er.
»Magst du mich auch als Mademoiselle Herzlos?«, frage ich.
Er lacht und ich erschrecke.
»Aber klar doch«, antwortet er und ich bin überglücklich.

Einen ganz besonderen Dank an alle, die mich dabei unterstützt haben, dieses Buch zu schreiben.

Denjenigen, die es Korrektur gelesen haben und denen, die einfach Freunde an meiner Seite waren und mich auch immer wieder reichlich inspirierten.

Tanja Riedeberger, Marius Brünner, Mama, Susanna Fischer, Nicole Bongscho, Janine Aslan, DPBS-Mädels!
Karl W. Fritz für den ersten bedeutenden Satz in meinem Buch.
Marleen Riedeberger für die Namensfindung an einem sommerlichen Tag, als ich sie im Krankenhaus besucht habe.
Der beste Dank geht an Sascha Riedeberger für all die Unterstützung. Ohne ihn wäre es niemals so weit gekommen!

Danke

Druck:
Canon Deutschland Business Services GmbH
im Auftrag der KNV-Gruppe
Ferdinand-Jühlke-Str. 7
99095 Erfurt